KB060373

행복한 투자의
성공 법칙
LAW OF SUCCESS

●

김대열 저

박영사

추천사

김대열 저자는 2007년 내가 하나대투증권 부사장(리서치센터장)이었던 시절에 같이 근무하였고, 2019년에는 [뉴스핌]에서 글로벌 투자 확대의 필요성을 주제로 제작한 유튜브에 같이 출연하기도 하였다.

저자는 프로필에서 소개된 것처럼 리서치센터 투자전략팀장과 자산관리지원부서의 상품전략팀장을 거쳐 전문성을 갖추었을 뿐만 아니라 영업 현장에서 PB와 지점장을 거치며 실전 경험도 풍부하여 이런 점이 이 책에 반영되어 있는 느낌이다.

나는 투자자들이 금융 투자를 통해 부를 축적해야 하며, 주식시장에 잘 대응한다면 투자에 많은 기회가 있음을 강조해 왔다. 그런데 이러한 투자 수익을 실현하려면 그만큼의 노력도 필요할 것이다. 이 책은 투자의 속성에 대한 이해도를 높이고, 수익률의 변동성을 관리하는 것이 중요함을 강조하고 있다. 또한 경기 흐름과 밸류에이션에 따른 자산배분전략이 투자 성과를 좌우하기 때문에 이를 위한 기준을 세워나가야 한다는 부분에 많은 공감이 간다. 특히 투자나 인생에 있어 성공 곡선이 주는 시사점은 이 책을 더 매력적으로 만드는 부분으로 생각된다.

저자의 오랜 리서치 경력을 보여주는 주식시장의 각종 사례들과 주요 지표의 장기 그래프들은 찾아보는 것만으로도 좋은 정보가 될 수 있을 것이다.

이 책의 내용들은 초보 투자자뿐만 아니라 오랜 투자 경험에도 불구하고 만족스러운 성과를 내지 못하고 있는 투자자, 특히 MZ 세대를 비롯한 젊은 세대들이 좋은 투자 습관을 만들고, 올바른 투자 마인드를 만들어 나가는 지침서가 될 것으로 생각되어 이 책을 추천한다.

- 김영익 서강대학교 경제대학원 교수

(하나대투증권 부사장과 대신증권 리서치센터장, 하나금융경영연구소
대표이사 등을 거쳤으며, 다양한 저서와 각종 언론 활동으로
개인투자자들의 멘토로 활동하고 있음)

프롤로그

2020년에서 2022년은 한국 주식시장에서 가장 드라마틱한 변화가 있었던 시기일 것이다. 2020년 코로나19 팬데믹이 발생한 이후 주식시장이 세계증시와 함께 단기간에 동반 급락하였다가 2021년에는 사상 최고치를 경신하는 급등을 보였다. 2022년에는 다시 세계 증시와 함께 동반 급락을 보였다. 투자의 역사를 되짚어 보면 이러한 주식시장의 상승과 하락국면은 반복되어 왔지만 당시 3년간의 변화는 너무나도 빠르고 급격하게 진행되는 양상이었다.

이 과정에서 한국의 자금시장에 역사적인 변화가 일어났다. 그것은 개인들의 투자자금이 대규모로 주식시장으로 유입되는 머니무브가 발생한 것이다. 문제는 개인들의 투자자금 중 상당 부분이 높은 주가 수준에서 들어왔으며 이에 따른 손실에 대한 우려도 큰 상황이다. 이에 따라 주식 투자를 포함해 투자자산의 관리 방안에 대하여 적극적인 검토의 시간이 필요한 상황이다.

한편 100세 시대가 도래하면서 늘어난 노후에 대한 준비가 사회적 이슈로 부각되고 있다. 그런데 한국 경제의 저성장 속에 저금리 기조가 장기화될 것으로 보여 예금 이자만으로는 노후를 대비하는 데 한계가 있을 수밖에 없다. 한국 가계자산의 상당부분을 차지하고 있는 부동산시장도 상승추세가 꺾이면서 부동산을 통한 투자 기회는 제한적일 것이라는 전망이 우세하다. 오너인 사업가나 전문직종이 아닌 이상 직장생활에는 기한이 정해져 있어 은퇴 이후 삶에 대한 현실이 다가오는 것도 정해진 미래이다. 여기에 고령화와 저출산, 낮은 소득대체율 등으로 국민연금이 나의 노후를 책임져 주기에는 한계가 있다.

이러하다 보니 퇴직하기 전에 자산을 축적하고자 하는 욕구가 커질 수밖에 없을 것이다. MZ세대에서 유행하는 FIRE족이라는 말이 이러한 니즈를 보여주는 것이다. 한편 은퇴준비가 제대로 되어 있지 않은 경우가 많아 은퇴 이후에도 계속해서 일하고자 하는 수요가 증가하고 있는 것으로 나타났다. 결국 현재 직장을 다니거나 은퇴를 한 경우에도 늘어난 노후에 대한 준비가 부족하다면 현재 보유한 자산 또는 미래에 발생할 소득에 대하여 투자 수익률을 향상시키고자 하는 니즈가 계속될 것이다. 2021년을 전후한 머니무브는 이러한 배경하에서 폭발적으로 일어난 것으로 볼 수 있을 것이다.

하지만 금융 투자에 대한 필요성 인식에 비하여 투자자산에 대한 경험이나 이해도는 상대적으로 부족한 것으로 평가되고 있다. 기관 투자자와 외국인 투자자까지 수많은 투자자가 참여하는 주식시장에서 주식 직접 투자로 장기적인 수익을 내기 위해서는 그만큼 많은 공부와 훈련이 필요하다. 또한 일반적으로 직장 생활과 사업 등 현실 생활에 적응하여 살다보면 투자에 대한 관리가 소홀해지기도 한다. 더욱 중요한 점은 장기적으로 계획하고 준비해야 할 은퇴준비를 어느 순간부터 잊고 살거나, 단기간에 큰 돈을 벌고자 하는 의욕 때문에 레버리지를 활용하는 투자를 계속하다가 오히려 시간과 돈을 잃는 경우를 종종 보게 된다는 사실이다.

따라서 마음을 가다듬고 인생 설계, 재무 설계라는 큰 그림을 다시 설정해 보고 이에 대한 준비를 해 나가는 시간을 가질 필요가 있다. 그리고 매년, 매분기 등 주기적으로 자신의 자산 현황과 현금흐름 등을 점검해 보고, 금융 환경 변화를 고려하여 투자 계획을 수정 해가는 과정을 만들어 나간다는 자세로 이 책에 접근해 보길 바란다.

특히 복리효과를 고려할 때 이러한 준비 과정은 하루라도 빨리 시작해야 하며, 그리고 적절한 기대수익률을 설정하고 그에 맞는 투자전략을 수립해야 할 것이다. 이를 위하여 투자시장의 큰 전환점이 되었던 코로나19 팬데믹 이후 3년간 투자시장의 변화를 살펴보고 이를 바탕으로 투자시장에서 어떻게 살아남고 성공적인 투자를 지속해 나갈 것인가를 생각해 볼 필요가 있다.

우선 장기적으로 투자시장에서 성공하기 위해서는 투자자산의 속성에 대한 이해도를 높여야 할 것이다. 투자자산이란 정해진 이자를 지급하는 정기 예금을 제외한 주식, 주식형펀드, ETF 등 수익률의 변동성이 있을 수 있는 금융 자산들을 말한다. 이러한 투자자산들은 시장 상황에 따라 변동성이 커질 수 있다는 것이 특징이다. 또한 시장 참여자들의 심리에 따라 쏠림현상이 나타나기 때문에 투자에 있어서는 성공의 장애 요소 또는 리스크로 볼 수 있는 것이다. 뒤집어 보면 투자의 성공을 위해서는 이러한 수익률의 변동성을 잘 관리해야 투자 성과를 장기적으로 쌓아 나갈 수 있을 것이다.

투자자산의 대표격인 주식 투자의 경우 2020년부터 주린이로 불리는 많은 개인투자자들이 증시에 신규로 유입되었고, 2021년 상반기까지 좋은 시기도 있었다. 하지만 2022년 주식시장이 큰 폭의 조정을 보이면서 많은 투자자들이 어려움을 겪었다. 그런데 2023년 이에 대한 투자자들의 대응은 개인별로 큰 차이를 보였다. 시장의 변화를 면밀히 관찰하며 2차전지, 반도체, 미국의 핵심 기술주 등에 대한 포트폴리오 조정을 빠르게 진행한 경우와 그렇지 못한 경우의 성과 차이가 크게 나타나고 있는 것이다. 향후에도 주식 직접 투자의 경우는 이와 같은 산업분석, 기업분석 등 주식투자에 대한 체계적인 접근이 필요하며 올바른 투자 마인드와 자신만의 핵심 투자 원칙을 정비하는 것이 중요하다고 할 수 있다.

만약 이것이 어려운 투자자는 어떻게 할 것인가? 또한 본업 등 다른 일이 바빠서 투자에 대한 공부의 시간을 가질 수 없는 투자자는 어떻게 할 것인가? 이러한 경우 간접 투자 수단에서 답을 찾아야 할 것이다. 특히 본업이 있는 직장인과 사업가들은 본업을 우선시해야 투자가 잘된다는 관점에서 간접 투자 상품을 활용할 필요가 있다. 본업에서의 성공이 돈과 명예를 가져올 뿐만 아니라 본업에서 투자의 재원이 발생하며, 본업을 통하여 3층 연금제도 등 노후 대비의 기본틀이 마련될 수 있기 때문이다.

한편 투자하면 주식투자와 동일시하는 경향이 있으나 주식은 투자자산 중의 한 부분이다. 즉 직접 주식 투자 이외에 주식형펀드, 주식투자 랩, ETF 등 주식과 관련한 다양한 투자 수단이 존재한다. 더불어, 공모주하이일드펀드, 메자닌펀드 등 중위험·중수익의 대안투자 상품들에 대한 관심을 높일 필요가 있다. 노후대비와 절세 관점에서 연금저축, IRP, ISA 등 다양한 상품들을 활용하는 것도 중요하다. 이와 함께 자산을 관리하고 투자를 실행함에 있어 어떤 시기에 어떤 상품을 얼마의 비중으로 투자할 것인가 하는 자산배분전략이 투자 수익률에 미치는 영향이 크다. 이것을 혼자 하는 것이 어렵다면 금융기관을 비롯한 각 분야 전문가들의 도움을 받으면 된다.

근본적으로 어렵게 모은 나의 소중한 자산을 원금 손실의 가능성이 있는 투자자산을 통해 관리하는 목적은 부를 축적하여 행복한 삶을 만들고자 하는 바람일 것이다. 그런데 투자를 하는 과정에서 괴로움을 겪는다면, 또는 투자한 자산의 손실 폭이 커 어느 순간부터 불행의 씨앗이 된다면 투자는 안 하느니만 못한 것이 될 수 있다. 따라서 결과보다 과정이 중요하다는 말이 있듯이 자신에게 적합하고 제대로 된 투자전략의 선택을 통하여 투자하는 과정에서도 행복감을 유지할 수 있는 방안을 적극적으로 찾아야 한다.

사업이나 인생을 마라톤에 비유하는 경우가 있다. 투자자산을 관리함에 있어서도 마라톤에서 얻을 수 있는 교훈이 많다. 즉 마라톤과 마찬가지로 투자도 충분한 사전 준비와 계획에 따라 차근차근 진행할 필요가 있다. 또한 적은 돈으로 자신의 투자에 대한 능력치를 향상시킨 이후에 투자 규모를 점차 확대해 나가야 한다. 그렇지 않고 초기부터 본인이 감당할 수 있는 규모보다 과다한 금액을 투자하거나 레버리지 등을 써서 변동성이 큰 주식시장에 투자하는 것은 마치 마라톤에서 오버페이스를 하는 것과 같은 것이다. 또한 장기간에 걸쳐 투자하겠다는 마음가짐이 필요하다. 초기에 실패하였다고 좌절하거나 투자는 나와 맞지 않는다고 떠날 준비를 한다면 향후에 다가올 수익의 기회를 또 한번 놓칠 수 있다. 따라서 성공 투자의 길은 충분히 준비하고 건전한 투자습관을 키우고 실천해 나가는 과정이라고 생각된다. 이 책에서 다룬 내용들이 행복한 미래를 꿈꾸는 많은 투자자들에게 적절한 대안과 방향성을 찾아가는 데에 도움이 되길 바란다.

목 차

1부 투자자산 관리 왜 해야 할까

2부 투자의 속성과 자산 가격 변화의 특징을 바로 알자

3부 투자자산을 어떻게 관리할 것인가

2장. 주식 간접 투자 전략으로 장기 플랜을 짜라 147

3장. 중위험 · 중수익 추구의 대안투자 상품을 활용한

자산관리 187

에필로그 | 행복한 투자로 가는 마음가짐

1부

투자자산 관리 왜 해야 할까

머니무브의 트리거가 된 코로나19

2020년은 한국뿐만 아니라 세계 역사에 있어서 자주 회자되는 한 해가 될 것이다. 코로나19가 전 세계를 강타하며 일반인들의 일상생활뿐만 아니라 경제, 사회적으로 다양한 변화를 불러일으켰기 때문이다. 코로나19 팬데믹으로 근대사에 있어 상상할 수 없었던 국가와 지역이 봉쇄되었고 세계 경제가 치명타를 입었다. 전 국민의 마스크 착용이 일상화되었으며, 코로나19에 대한 면역력이 확대되며 엔데믹을 선언한 2023년에도 마스크를 쓰는 것이 익숙하기도 하였다.

경제활동에 있어서 비대면 시대에 빠르게 적응하는 계기가 되었다. 재택근무가 어려울 것이라고 생각했던 각종 분야에서 이제 재택근무는 언제든 가능하고 향후에도 일상이 될 수 있다는 인식을 강하게 심어주었다. 또한 스마트폰과 컴퓨터로 할 수 있는 일들이 무궁무진하다는 점을 확실히 보여주는 등 4차 산업혁명의 과실들이 속속 우리들의 일상에 접목되기 시작하는 모습이었다.

코로나19는 주식시장에도 커다란 변화의 바람을 불러 일으켰다. 그것은 개인투자자들의 자금이 주식시장으로 빠르게 이동하는 트리거를 제공하였다는 점이다. 2020년 개인투자자의 국내주식 순매수 금액은 48조원에 달한다. 2021년에도 66조원의 순매수를 보이며 주식시장의 급등에 있어서 수급의 핵심으로 떠올랐다. 개인투자자는 증시가 조정을 시작한 2022년 상반기에도

21조원의 순매수를 보였다. 2년반 동안 무려 135조원의 개인 자금이 주식투자 자금으로 유입된 것이다.

그림 1-1 개인 투자자의 주식 누적 순매수와 KOSPI

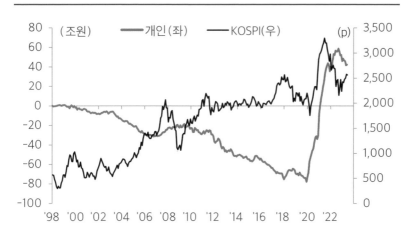

자료: KRX, 한국은행

[그림 1-1]의 개인 투자자들의 주식 누적 순매수 추이에서 나타나는 바와 같이 개인은 2019년까지 장기적으로 주식시장에서 순매도 주체였다. 여기서 개인이 개별화되어 있으며, 개인 대주주도 포함한다는 점에서 일반화시키기에는 한계가 있다. 하지만 코로나19가 있기 전까지만 하더라도 개인투자자에게 있어 주식투자가 터부시되는 경향이 있을 정도로 관심이 적었었던 점에 대해서는 많은 이들이 공감하는 부분일 것이다. 그런데 코로나19 이후 주식시장으로 대규모의 자금이 유입되었던 것이다. 특

히 주린이로 명명된 신규 투자자가 대거 주식시장에 발을 들여
놓았다.

[그림 1-2]의 고객예탁금 추이를 보더라도 코로나19 발생 이
후 증시 주변 자금이 얼마나 급격히 늘어났는지를 알 수 있다.
고객예탁금은 주식을 매수하지 않은 현금성 예탁 자산의 합계이
다. 고객예탁금은 코로나 발생 이전인 2019년말까지만 하더라
도 27조원 수준에 머물러 있었다. 그런데 2020년말에 66조원에
도달하였고 2021년에는 한때 최고 78조원까지도 기록한 바 있
다. 공모주 투자를 위한 단기성 자금의 유입을 감안해야 하겠지
만, 공모주를 포함하여 주식 투자를 위해 만들어진 계좌 수의 증
가는 과히 주식 투자에 열풍이 불었다고 할 수 있을 것이다. 이
러한 고객예탁금이 2022년 주식시장이 조정을 보이면서 일부
유출되기는 하였지만 그래도 과거에 비하여 여전히 높은 수준을
유지하고 있다.

그림 1-2 고객예탁금과 KOSPI

자료: 금융투자협회

　이와 같은 개인투자자들의 자금 이동을 한마디로 표현하면 머
니무브가 발생한 것이다. 머니무브는 주식시장 또는 채권시장 등
투자자산으로 시중 자금이 대규모로 이동하는 현상을 지칭하는
말이다. 특히 안전 자산으로 평가되는 은행 예금에서 주식 등의
투자자산 시장으로 자금이 급격히 이동하는 현상을 의미한다.

　국내 주식시장에서 큰손으로 자리매김하고 있는 외국인과 기
관의 순매도에도 불구하고 개인 투자자들이 주식시장의 상승을
주도한 경우는 주식시장 역사상 몇 차례 되지 않는다. 사실 주식
시장으로 개인투자자들이 2020년~2021년과 같이 기록적으로 유
입된 것도 사상 초유의 일이라 할 수 있다. 이러하다 보니 동학개
미 운동이라는 신조어가 등장하였고 2020년과 2021년은 동학개

미인 개인투자자들이 승리한 해였다.

　그러나 이러한 승리감은 오래가지 못했다. 2022년 들어 세계 주식시장이 동반 조정국면에 진입하면서 국내외 주식시장의 고점기에 주식을 대량 매수한 개인투자자들이 대부분 손실 구간에 진입하였기 때문이다. 그럼에도 불구하고 2022년 중 상반기까지 개인투자자의 순매수 금액은 21조원에 달하여 매수 규모는 줄었지만 개인들의 투자 욕구는 지속되는 모습이었다.

　그러면 이와 같은 개인투자 자금의 증시 이동은 어떻게 일어난 것일까. 그 배경으로 가장 먼저 생각할 수 있는 것이 코로나19에 따른 2020년 상반기 주식시장의 급락이었다. 과거 주식시장의 급락은 장기적으로 절호의 매수 기회를 제공하였다는 학습효과가 코인투자 등으로 투자의 경험을 축적한 MZ세대를 중심으로 SNS를 통하여 투자자들에게 빠르게 전파되었던 것으로 평가되고 있다.

　국내 주식시장의 역사를 살펴보자. 1997년 IMF 외환위기를 거치면서 한국증시는 수많은 기업들의 부도와 은행 통폐합 등 고통의 시간을 거쳤으나 결국 주식시장은 1999년 큰 폭의 상승세를 보였다. 혹독한 구조조정을 통해 기업들이 회생하기 시작하였고, 2000년 밀레니엄시대의 시작을 앞두고 Y2K(컴퓨터의 2000년도 숫자 인식 문제) 이슈, 인터넷의 확산 등으로 소위 IT버블이 발생하기도 하였다.

2001년 9월에는 미국에서 사상 초유의 911테러가 발생하였다. 세계증시가 블랙먼데이 이후 가장 큰 대폭락을 보였고 초기 암울한 사회, 경제적 파장이 있었음에도 불구하고 주식시장은 악재를 소화하며 결국 빠르게 회복하여 전 고점을 돌파하였다.

2008년의 경우 글로벌 금융위기가 발생하였다. 2007년부터 미국의 서브프라임 모기지 부실 문제가 발생하였고, 이에 따른 파장으로 대형 증권사인 리먼브라더스증권의 파산 등 미국의 금융시스템 붕괴 우려가 불거지면서 글로벌 금융위기가 확산되었었다. 이에 미국을 비롯한 각국 정부의 적극적인 대응으로 위기를 극복할 수 있었으며 국내외 주식시장이 결국 상승추세를 재개하였다. 특히 미국증시의 경우 2009년 이후 2022년까지 13년간 장기 상승 추세를 보이는 시작점이 되기도 하였다.

이처럼 IMF 외환위기나 2008년 글로벌 금융위기 등 주식시장이 큰 폭의 조정을 보였을 경우 주식 투자자들이 고통스러운 시간을 일시적으로 거쳤으나 결국 그때가 장기적으로 보면 투자를 확대할 수 있는 절호의 기회였던 것이다. 이처럼 주식시장에서 큰 폭의 주가 조정은 부를 형성할 수 있는 기회였다는 학습 효과가 증시 역사에서 계속적으로 축적되어 온 것이다.

2020년에도 코로나19 발병과 확산에 따라 주식시장의 급락이 발생한 이후 각국 정부의 적극적인 대응 속에 이러한 학습효과가 유튜브 등 SNS를 통해 빠르게 전파되었던 것으로 보인다.

그림 1-3 주식시장 장기 저점 형성기의 주요 이슈와 KOSPI

(p)

3,000

2,500

2,000

1,500

1,000

500

0

외환위기 911테러
(1998년) (2001년)

글로벌금융 위기
(2008년)

코로나 위기
(2020년)

KOSPI

'95 '97 '99 '01 '03 '05 '07 '09 '11 '13 '15 '17 '19 '21 '23

2020년 하반기에는 학습효과의 힘이 국제 유동성 확대와 시너지를 발휘하며 국내외 증시가 사상 최고치를 경신하는 급등세를 보였다. 이에 따른 투자 성공의 스토리들이 빠르게 전파되면서 주식 투자를 하지 않으면 소외되는 분위기까지 형성되었다. 이에 따라 FOMO 현상(Fear of Missing Out, 유행이나 정보에 뒤처져 고립되는 것을 두려워하는 현상)이 회자되기도 하였다. 여기에 2021년 주식시장이 사상 최고치를 경신하면서 과거 주식시장에서 순매도를 보이며 증시를 떠났던 중장년 투자자들까지 가세하면서 한마디로 주식 투자의 붐이 형성되었던 것이다.

그런데 2022년 상반기부터 주식시장의 조정국면이 시작되었고 하반기에는 주식시장의 조정폭이 커지면서 개인들의 투자심리가 위축되고 개인 투자자금의 일부 이탈 징후가 나타나기 시작했다. 2022년 4분기중 개인투자자들의 순매도 규모는 6.4조원을 기록하였다. 주식투자에서 손실 폭이 컸던 일부 개인투자자들이 시장 금리 상승과 함께 이탈 조짐을 보인 것이다. 이에 따라 과거 주식시장의 상승기에 개인의 참여가 커졌다가 주식시장의 조정 국면 또는 횡보국면에서 자금이 이탈하는 현상을 반복하지 않을까 하는 우려를 낳기도 하였다.

경제 환경에 있어서 투자자산에 대한 수요 지속

2020년에서 2022년까지 대규모의 투자 자금이 주식시장으로 유입된 것은 일시적인 현상일까. 워낙 단기간에 대규모의 자금 이동이 나타났다는 점에서 이중 일정 부분의 자금이탈이 일어날 수 있을 것이다. 그러나 이미 증시로 들어온 자금은 한국 경제의 제반 환경을 고려할 때 상당 기간 증시 주변에 머무를 가능성이 크다고 볼 수 있다. 또한 주식이 대표적인 투자 수단이나 향후에는 투자자산의 성격을 가지는 다양한 상품들로 투자가 확대될 가능성이 높다고 하겠다. 여기서 투자자산이란 정해진 이자를 지급하는 정기 예금을 제외한 주식, 채권, 주식형펀드 등 수익률의 변동성이 있는 금융 자산들을 포괄하는 개념으로 사용하도록 하겠다.

투자자산에 대한 수요는 시장금리 수준에 따른 영향을 가장 크게 받는다고 볼 수 있다. 앞서 살펴본 머니무브의 중요한 배경 중에 하나도 저금리 기조에 따른 자산 이동의 니즈가 오랫동안 지속되어 왔으며 코로나19가 이에 대한 불을 지핀 것으로 볼 수 있다. 절대 금리 수준이 낮았을 뿐만 아니라 물가 상승률을 감안하면 실질금리가 장기적으로 마이너스였기에 예금을 대체할 수단에 대한 니즈가 폭발한 것으로 볼 수 있다.

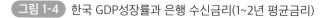 그림 1-4 한국 GDP성장률과 은행 수신금리(1~2년 평균금리)

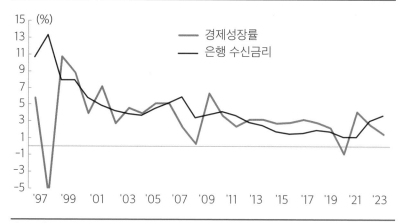

자료: 한국은행
주: 2023년은 1~5월 은행 평균 수신금리

기본적으로 금리는 경제성장률을 반영한다. 과거 1990년대와 같이 경제성장률이 높았던 시기에는 금리도 높았다. 이에 따라 현금성 자산이 있다면 은행 예금 이자, 채권 이자만으로도 만족할 수 있는 시기였다. 하지만 글로벌 금융위기 이후 세계적인 저금리 여건이 조성되고, 한국 경제가 저성장 국면에 진입하면서 시중은행의 정기예금 금리가 1%대까지 내려갔었다. 대출 금리도 낮아져 대출을 일으켜 부동산에 투자하고자 하는 수요가 커졌고 이는 서울 아파트를 중심으로 한 부동산 가격의 상승에 원인을 제공하기도 하였다. 이처럼 저금리는 주식시장뿐만 아니라 은행 금리 보다 기대수익률이 높은 투자자산으로의 자금 이동을 부추긴 것으로 볼 수 있다.

이러한 저금리 현상은 국내뿐만 아니라 세계적인 현상이었다. 2008년 글로벌 금융위기 이후 세계 각국의 중앙은행들은 위기에 대처하기 위해 동반 금리 인하와 양적 완화 정책을 단행하였다. 이에 따라 미국을 비롯한 유럽, 일본 등도 시장 금리의 하향 안정화 추세가 장기간 지속되어 왔었다. 여기에 2020년 코로나19가 세계적으로 급격히 확산되고 글로벌한 공급망 중단 사태가 발생하면서 다시 한번 미국을 중심으로 기준금리 인하뿐만 아니라 대규모의 양적 완화정책이 시행됨에 따라 시중 유동성이 풍부해진 점이 세계 증시의 동반 상승을 이끌었던 것으로 볼 수 있다.

그림 1-5 세계 주요국의 10년만기 국채 금리

자료: 한국은행

그런데 이러한 저금리 환경이 2022년부터 변화하기 시작하였다. 코로나발 국제 유동성 확대가 점차 소비자물가 상승에 영향을 주기 시작하였으며, 여기에 러시아의 우크라이나 침공으로 국제유가와 곡물가격이 급등하면서 세계적으로 인플레이션 현상이 화두로 떠올랐다. 결국 미국 연방준비제도를 비롯한 각국 중앙은행들이 기준금리 인상을 단행하기 시작하였다. 그것도 빅스텝(0.75%의 금리 대폭 인상)이라는 신조어가 만들어질 정도로 빠르게 기준금리를 인상하며 역사적인 인플레이션을 잡기 위한 노력이 진행되었던 것이다.

국내에서도 인플레이션이 나타나고 한미 금리 역전에 대한 우려 속에 한국은행도 보조를 맞추어 기준금리를 인상하였다. 국제 유동성 확대 효과와 국제 원자재가격의 고공행진, 미국의 탄탄한 고용시장 등으로 고금리가 상당기간 지속될 수 있다는 우려가 결국 2022년 주식시장의 조정 장세를 유발한 가장 큰 원인이 되었던 것이다.

여기서 생각해야 할 부분은 이러한 고금리 환경이 지속될 것인가이다. 앞서 살펴보았듯이 금리는 경제성장률의 얼굴이다. 2022년부터 미국을 중심으로 기준금리 인상이 급격히 진행되었으며 고금리가 지속되면 결국 경기가 위축될 수밖에 없다. 인구 고령화와 저출산 등으로 국내 경제의 저성장 국면이 상당기간 이어질 가능성이 높다. 또한 물가지표라는 것이 전년동기대비로 산출된다는 점에서 일정 기간이 지나게 되면 둔화되기 마련이다. 따라서 향후 시장 금리는 다시 하향 안정화될 가능성이 높다는 전망이 지배적이다.

한편 투자수요에 있어 더욱 중요한 것은 실질금리이다. 고물가 시대이고 이에 따라 시장금리도 같이 상승할 수 있으나 물가 상승률이 상대적으로 높다면 여전히 실질금리는 마이너스 시대인 것이다. 더구나 경제가 성장하면서 물가가 상승한다는 것은 현금을 들고 있는 사람에게는 재앙이나 다름이 없다. 돈의 가치가 그만큼 떨어지는 것이기 때문이다. 이를 종합해 보면, 금리의 레벨이 다소 높아지기는 하였으나, 결국 장기적으로 하향 안정화될 가능성이 높으며, 실질금리는 여전히 낮은 상황이라는 측

면에서 주식을 비롯한 투자자산에 대한 수요는 지속될 것으로 전망된다.

MZ세대, 금융 투자자산을 통한 부의 축적 기회 추구

한편 MZ세대들이 사회에 진출하며 본격적으로 중추세대로 자리잡아 가고 있던 상황에서 앞서 살펴보았던 경제 여건들은 MZ세대의 투자 수요 증가에 직접적인 영향을 미쳤던 것으로 보인다. MZ세대는 FIRE(Financial Independence Retire Early)족이라는 말이 유행하였듯이 투자를 통한 빠른 부의 축적에 관심이 많은 것이 특징으로 평가되고 있다. MZ세대들은 베이비부머 세대와 달리 부동산시장의 장기 호황에 따른 투자 기회가 적었을 뿐만 아니라 취업 등에 있어서도 경쟁이 심화된 세대이기도 하다.

여기에 유튜브를 중심으로 한 소셜미디어의 확산으로 투자 정보에 대한 손쉬운 접근이 투자에 대한 니즈를 불러일으킨 것으로 볼 수 있다. MZ세대들은 초기 비트코인 투자를 어느 세대보다 빠르게 접하였고, 부동산시장에서도 영끌이라는 말이 널리 회자될 정도로 적극적인 투자 성향을 보여 왔다. 2020년 코로나19로 국내 주식시장이 급락하는 과정에서 동학개미 운동이라는 주식투자의 열풍을 주도하였으며, 주식투자를 하지 않으면 소외가 된다는 FOMO현상에 민감하게 반응하였다. 미국 등 해외주식 투자를 확대하면서 서학개미라는 신조어가 만들어지는 등 젊은 세대들이 투자 시장의 중추적인 세대로 떠오른 것이다.

또한 핸드폰을 활용한 증권사 MTS(Mobile Trading System)의 비대면 계좌 개설 등 간단한 접근성도 주식시장으로의 머니무브가 빠르게 진행되는 여건을 제공하였다. 이처럼 MZ세대를 중심으로 한 젊은 세대들의 주식투자 확대는 부모세대인 중장년층에도 영향을 주며 주식투자의 붐이 만들어졌던 것으로 평가되고 있다. 사실 중장년층의 경우도 과거 주식투자를 진행했던 경험을 조금씩은 가지고 있다. 하지만 주식 투자에서 실패한 사례들을 직접 경험하였거나 간접적으로 들으면서 주식투자에 대하여 부정적인 시각들이 팽배해 있었던 것으로 볼 수 있다. 하지만 2020년 주식시장의 급등과 MZ세대의 투자 확대 등에 따라 주식투자 열풍이 불면서 중장년층도 주식 투자시장에 다시 진입하는 전기가 되었던 것이다.

MZ세대는 높아진 부동산 가격에 대하여 상대적인 박탈감이 있었던 만큼 주식 등 금융 자산에 대한 투자를 통해 자산을 증식해야 한다는 인식이 강한 특성을 보이고 있다. 비트코인 광풍 이후 조정과정, 2022년 주식시장의 급락, 높아진 대출 금리 등으로 어려움을 겪고 있는 MZ세대들이 일부 있는 것으로 평가되고 있다. 하지만 감내할 수 있는 범위내에서 투자를 지속해 나간다면 젊은 시절의 경험은 나중에 점점 더 커지는 자산을 관리함에 있어 큰 경험이 될 수 있다고 생각된다. 또한 젊은 세대일수록 장기 투자가 가능하다는 점에서도 자산관리의 원칙들을 잘 쌓아나간다면 향후 투자자산 시장에서 주도적인 역할을 할 가능성이 큰 것으로 보인다.

중장년층, 길어진 노후 대비를 위한 투자자산 필요성 인식 증대

한편 베이비부머 세대를 포함한 중장년층에 있어서도 투자자산을 통한 자산 증식에 대한 필요성이 부각되고 있다. 평균 수명이 지속적으로 증가하면서 길어진 노후대비 관점에서 경제적인 우려가 커지고 있기 때문이다. 통계청에 따르면 2021년 기준으로 한국의 평균 기대여명은 남성은 80.6세이고 여성은 86.6세이다. 전체 평균 기대여명은 83.6세로 예상되고 있다. [그림 1-6] 연도별 남녀 평균 기대여명에서 나타나는 바와 같이 의료 기술 발달, 의식주 개선 등으로 기대여명이 지속적으로 증가하고 있어 100세 시대가 다가오고 있는 것이다.

그림 1-6 연도별 남녀 평균 기대여명

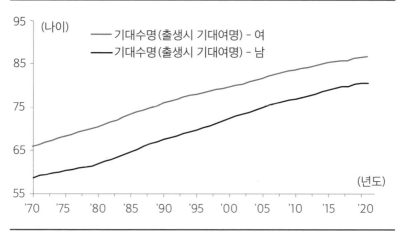

자료:통계청

　문제는 이렇게 평균 수명은 증가하고 있으나 경제적으로는 노후 대비가 부족하다는 것이 일반적인 평가이다. 실제 OECD(경제협력개발기구)에 따르면, 2020년 기준 65세이상 고령 인구의 상대적 빈곤율(중위소득 50%이하에 속하는 인구 비율)은 40.4%로 OECD국가 중 미국(21.5%), 영국(13.1%) 등과 비교하여 가장 높게 나타났다. 또한 2021년 기준 65세 이상 고령자 중 본인과 배우자가 직접 생활비를 마련하는 비중은 65%이며, 고령자의 노후 준비 자금도 공적연금이 59.6%로 가장 많게 조사되었다. 그만큼 노후에 대한 대비가 부족한 것으로 볼 수 있다.

　한편 중장년층의 경우는 오랜 기간 부동산을 소유해야 한다는 인식이 강하였고, 부동산 가격이 장기적인 상승 추세를 보이면서 대부분의 부가 부동산에서 축적된 것으로 볼 수 있다. 하지만 부모 봉양과 자녀의 교육 등 양육비의 과다한 지출로 인해 은퇴시점에 남아 있는 자산이 사실상 부동산뿐인 경우도 많다. 실제 금융투자협회에 따르면 2021년 기준, 우리나라 가계자산 중비금융자산의 비중이 64.4%이며 이중에 대부분을 부동산이 차지하고 있는 것으로 나타났다. 베이비부머의 경우 그 비중이 더 높게 나타나고 있다. 이러한 상황에서 2022년 이후 부동산 가격의 하락 추세전환은 부담요인으로 다가오고 있다. 여기에 평균수명의 증가는 은퇴 이후 삶에 대한 고민을 한층 더 증가시키고 있는 것이다.

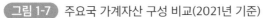 그림 1-7 주요국 가계자산 구성 비교(2021년 기준)

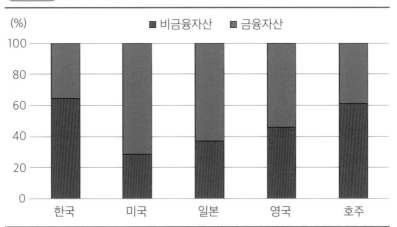

자료:금융투자협회

이러하다 보니, 직장을 다니는 경우 정년 연장에 대한 요구가 계속되고 있으며, 노후에도 일을 하고자 하는 희망자가 지속적으로 늘어나고 있는 것으로 조사되고 있다. 노후 대비를 위한 자금이 마련되어 있다 하더라도 안정성만을 우선시하여 예금 위주로만 예치해 놓을 경우 물가상승률을 좇아가기도 버겁다는 점에서 중장년층의 투자자산에 대한 관심이 늘어나고 있는 추세에 접어든 것으로 보인다.

한편 통계청이 금융감독원·한국은행과 공동으로 실시한 <2020년 가계금융복지 조사 결과>에 따르면 은퇴한 부부의 월 평균 적정 생활비는 294만원이며, 최소 생활비는 205만원으로 조사된 바 있다. 이의 중간 값을 250만원으로 잡으면 연 3,000만원의 자금이 필요하다. [그림 1-8]은 7억원의 은퇴 자금이 마련되어 있으며 이를 매년 3,000만원씩 인출(물가상승률 반영)한다고 하였을 때, 전체 자산의 수익률 변화에 따라 원본이 유지되는 기간을 계산해 본 것이다.

여기서 주목할 점은 목돈이 된 노후 자금도 어떻게 관리하는가에 따라 노후 기간 동안 유지할 수 있는 연령에 있어 차이가 크다는 점이다. 또한 목표 수익률을 연 10% 등 무리한 투자를 하지 않더라도 투자 기간이 길어서 1%의 투자수익률 차이도 노후자금의 유지 기간에 큰 차이를 가져올 수 있다는 점을 유념할 필요가 있다. 따라서 베이비부머를 비롯한 중장년층의 경우도 투자자산을 활용하여 전체 자산 포트폴리오의 평균 수익률을 향상시키는 전략에 대한 관심을 높일 필요가 있는 것이다.

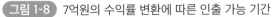

그림 1-8 7억원의 수익률 변환에 따른 인출 가능 기간

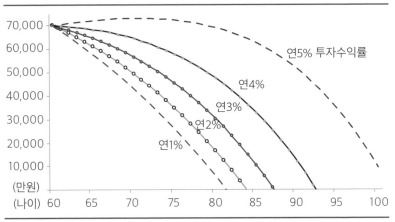

주: 60세 기준, 물가상승률 2%, 매년 3천만원(월 250만원)씩 인출 가정

3년의 투자를 교훈 삼아 30년을 준비하자

지금까지 코로나19에 따른 팬데믹 이후 머니무브의 배경과 투자자산에 대한 니즈가 증가하고 있는 배경에 대하여 살펴보았다. 그런데 2021년 상반기에 사상 최고치를 찍은 국내 주식시장이 조정을 보이기 시작하였고 2022년에는 주식시장의 조정 폭이 더욱 커지면서 머니무브의 주역인 개인투자자들이 큰 어려움에 직면하였던 것이 현실이다. 2020년부터 2022년 상반기까지 개인

투자자들의 국내 주식 순매수 규모가 135조원에 달하였던 점을 고려하면 경제적 손실 규모가 컸으며 이를 전반적으로 회복하기에는 시간이 필요한 상황이다.

그런데 주식시장의 조정 국면이 길어지고, 각종 불확실성이 팽배한 현실에 직면하다 보면 이러한 시기에 추가적인 투자를 결정하기가 쉽지 않은 것이 일반적인 투자자들의 심리이다. 오히려 2021년 전후 주식시장의 고점 형성기에 신규로 진입한 개인 투자자들의 경우 손실만 만회하면 주식시장을 떠나겠다고 말하는 사례가 많아질 정도로 투자심리가 위축되어 있는 것도 현실이다.

역사적으로 반복되어 왔던 주식시장의 급등과 급락 과정이 2020년~2022년 사이에는 단기간에 빠르게 진행된 것으로 볼 수 있다. 문제는 준비가 덜된 개인 투자자들의 주식시장 참여가 컸다는 점이 될 것이다. 여기서 다시 한번 IMF 외환위기와 2008년의 글로벌 금융위기, 2020년 코로나 위기 등 투자의 역사에서 위기는 항상 기회요인을 제공했던 점을 되새길 필요가 있다.

한편 주식시장의 조정국면이 길어질 때와 투자한 자산에서 손실이 발생했을 때일수록 향후 투자의 세계에서 어떻게 살아남고, 어떻게 투자를 계속해 나갈 것인가에 대한 공부의 시간을 가질 필요가 있다. 즉 이러한 때일수록 각자의 현재와 미래의 재무상황을 다시 한번 진단해 보고, 투자자산의 속성, 투자 전략 방향

등에 대하여 충분한 공부와 이해도를 높이는 시간으로 활용하는 것이 바람직하다. 이와 함께 투자를 개별 주식에 한정 짓지 말고 다양한 투자 수단에 대한 공부를 통하여 투자의 시계를 넓혀 나갈 필요가 있다. 이것이 지난 3년간의 투자 교훈을 바탕으로 하여 앞으로의 30년을 준비하는 초석이 될 것이다.

2부

투자의 속성과 자산 가격 변화의 특징을 바로 알자

투자자산은 변동성과 쏠림현상을 수반한다

첫 단추를 다시 끼운다는 마음으로 초기에 투자를 시작한 이유를 생각하며, 투자의 속성에 대한 이해도를 높일 필요가 있다. 통상 투자라 하면 은행의 예금에서 정해진 이자를 지급받는 저축과 달리 수익률의 변동성이 있는 자산, 즉 투자자산에 자금을 투여하는 것을 의미한다. 따라서 투자자산에는 기본적으로 원금을 보장한다는 개념이 없다. 다시 말해, 은행 예금이자보다 수익률을 더 많이 얻을 것을 기대하고 투자를 시작하지만 언제든지 손실이 발생할 수도 있는 것이다.

세상에 공짜는 없다는 말이 있듯이 은행 예금금리보다 높은 수익률을 기대할 수 있다는 것은 어딘가에는 리스크, 즉 손해를 볼 가능성이 숨어 있는 것이다. 따라서 투자는 수익률을 높일 수도 있지만, 수익률 하락의 리스크를 수반하는 양면성이 있다는 인식을 다시 한번 명확히 염두에 둘 필요가 있다. 예를 들어, 채권의 경우도 채권 금리에는 위험이 녹아져 있다. 일반적으로 회사채의 채권 금리가 통상 시중은행 정기예금 금리보다 높은 것은 은행과 비교했을 때 신용도의 차이가 반영되어 있는 것이다. 채권 간에 비교하였을 때에도 채권 금리가 상대적으로 높다는 것은 신용등급이 상대적으로 낮다는 의미를 내포한다.

주식시장에서도 변동성은 위험 또는 리스크라고 한다. 이러한 위험은 다시 체계적 위험과 비체계적 위험으로 나누어 볼 수 있다. 체계적 위험이란 주식시장 전반의 리스크 때문에 발생할 수 있는 수익률 하락의 위험을 의미한다. 2022년 주식시장처럼 국내외 경제 여건이 취약해지는 상황에서는 개별종목들이 대부분 하락할 수밖에 없었던 상황이었으며 이러한 것이 시장 위험이다. 이와 같은 시장 전반의 불확실성에 따른 위험은 자산배분전략이나 적립식 투자 등을 통하여 관리하여야 한다.

비체계적 위험은 개별 기업의 고유한 영역에서 발생할 수 있는 위험이다. 주식시장이 전반적으로 상승하는 과정에서도 개별 기업의 경영 이슈, 회계 문제, 실적 부진 등 해당 기업의 특수한 상황에 따라 주가가 부진할 수 있다. 이러한 비체계적 위험은 종목 선택 시 면밀한 기업 분석의 필요성을 보여주며, 그럼에도 불구하고 발생할 수 있는 개별 기업 리스크의 관리를 위해서는 포트폴리오 구성을 통한 분산 투자가 중요하다고 하겠다.

한편 투자자산의 가격 변화에 있어 중요한 특징 중에 하나인 쏠림현상에 대해서도 이해할 필요가 있다. 즉 투자 시장에서는 대중의 의식이 한쪽으로 몰리면서 가치에 비하여 과도하게 상승하기도 하고, 과도하게 하락하는 현상이 종종 발생한다. 이 또한 투자에 있어 변동성을 크게 하는 부분이며 리스크이기도 하다.

흔히 투기 역사를 예시할 때 가장 많이 언급되는 것이 1637년을 즈음하여 발생하였던 네덜란드에서의 튤립 투기이다. 평범하였던 튤립 꽃과 종자가 투자의 수단으로 인식되며 새로운 종의 튤립 가격이 급등하는 과정에서 대중들은 더욱 가격이 오를 것이라는 기대감이 형성되었다. 이에 따른 쏠림현상이 나타나면서 천정부지로 올라갔던 튤립 가격은 결국에는 버블이 일시에 붕괴되면서 금전적인 부분뿐만 아니라 사회적으로 치명타를 준 사례라 하겠다. 일반적인 투자를 얘기하면서 튤립 투기가 자주 언급되는 것은 가치 있는 자산에 투자해야 한다는 교훈과 함께 대중의 투자심리에 있어서 쏠림현상에 대한 이해를 돕기 위한 것이다.

투자시장에 있어서 쏠림현상을 밴드왜건 효과(Bandwagon Effect)라고도 일컫는다. 미국의 경제학자 Harvey Leibenstein이 명명한 밴드왜건 효과란 일반적으로 어떤 재화의 소비자가 많을수록 또는 소비량이 많아질수록 수요가 증가하는 현상으로 다른 사람의 소비 성향에 편승하여 따라가는 경향이 있다는 것을 의미한다. 2020년 국내 주식시장에서 신조어로 등장한 FOMO현상도 이와 같은 영역에 속한다고 할 수 있을 것이다.

주식시장에는 다양한 변수들이 영향을 미친다. 국내외 경제상황, 증시 수급, 기업실적, 외환시장 등 다양한 요인들이 개별주식의 가격에 반영된다. 이에 따라 형성된 개별 주식의 시가총액을 합산하여 산출되는 것이 KOSPI 지수이다. 이렇게 만들어진 KOSPI 지수의 과거 흐름을 살펴보더라도 여러 차례의 쏠림현상이 있었던 것으로 평가된다. 물론 이러한 쏠림현상은 주식시장 전체가 될 수도 있고 특정 업종 또는 개별종목에서도 나타날 수 있다.

과거 국내 주식시장에서 쏠림현상의 사례를 살펴보자. 첫번째는 1999년~2000년 초 진행되었던 IT버블이었다. 이를 닷컴버블이라고도 불렀다. 당시 세계적으로 Y2K 이슈가 부각되었으며 이와 함께 인터넷이 초기에 확산되며 인터넷 관련 기업에 대한 투자 열풍이 불었다. 이에 따라 미국의 나스닥지수가 세계인의 주목을 받았으며, 세계 증시가 IT기업들을 중심으로 동반 급등하였다. 국내에서도 IMF의 구제금융이 집행된 이후 뼈를 깎는 구조조정으로 경제가 살아나기 시작하였고, 소위 바이코리아를 기치로 주식형펀드 자금이 대규모로 유입되며 주식시장이 급등한 바 있다. 하지만 2000년 초부터 과도하게 상승하였던 IT 업종을 중심으로 버블에 대한 우려가 불거졌고 세계 주식시장이 동반하여 하락하면서 오랜 기간 조정국면을 거쳤다. 국내에서도 당시 닷컴기업들이 대거 상장되어 있던 코스닥지수가 급등하며 사상 최고치를 기록하였으나, 아직도 그때의 고점을 회복하지 못할 정도의 버블이 있었고 이러한 버블의 붕괴과정에서 오랜 기간 진통을 겪어야 했다.

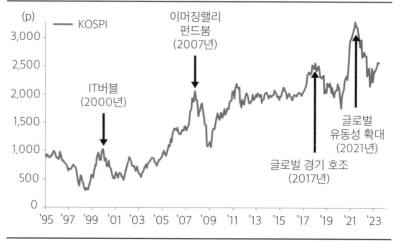

그림 2-1 주식시장 장기 고점 형성기의 주요 이슈와 KOSPI

자료: KRX

두번째는 2005년~2007년까지 중국을 중심으로 한 브릭스 (BRIC) 국가들이 세계 경제의 중심으로 떠오르면서 해외주식형펀드 투자의 붐이 불었었다. 중국, 인도, 브라질, 러시아 등 이머징 국가들의 주식을 편입한 펀드들에 대한 투자가 증권회사뿐만 아니라 은행에서도 크게 증가하면서 순수 주식형펀드의 설정 규모가 가장 커졌던 시기이기도 하다. 2007년 미국의 일부 모기지업체들의 부도가 부각되면서 글로벌 금융위기의 징후가 나타났으나 국내 주식시장은 주식형펀드 투자 붐에 힘입어 오버슈팅하였다. 하지만 2008년 들어 미국의 부동산시장이 급격히 위축되고, 이에 파생된 다양한 상품들이 부실화되면서 리먼브러더스라는 대형 증권사가 부도 처리되는 등 글로벌 금융위기가 찾아오면서 상당 기간 조정을 보였다.

　2020년 코로나19 팬데믹 발생 이후 급락하였던 국내 주식시장은 각국 정부의 적극적인 금리 인하 및 유동성 공급 등에 힘입어 V자형의 반등을 보였다. 글로벌하게 확대된 유동성에 힘입어 2021년까지 세계 주식시장이 동반 급등하여 KOSPI지수가 사상 최고치를 경신한 바 있다. 하지만 2022년 상반기부터 인플레이션과 금리 인상 등이 악재로 작용하면서 국내외 주식시장이 동반 급락하며 다시 어려운 시기를 맞이하기도 하였다. 2020년에서 2022년까지의 급등과 급락의 과정을 살펴보면 과거 일반적인 사례보다 상승 및 하락의 기간이 짧았고 급등락의 폭은 컸다는 점이 특징이 될 것이다. 그만큼 주식시장의 변동성이 커졌다는 의미가 될 수 있다. 또한 일종의 쏠림현상도 나타났던 것으로 볼 수 있다.

　이처럼 주식시장을 포함한 투자자산은 경제 상황과 맞물린 대중의 심리에 따라 오버슈팅되기도 하고, 언더슈팅되기도 하면서 장기적인 등락을 거듭하여 왔다. 따라서 투자자산은 기대수익률을 높게 갖도록 하지만, 언제든지 수익률의 하락 가능성이 있는 변동성을 수반한다는 점에 대하여 명확한 인식을 가지고 투자에 접근해야 한다.

수익률의 변동성을 관리하는 것이 투자자산 관리의 핵심

투자에 있어서 수익률의 변동성은 상승과 하락의 과정에서 모두 나타날 수 있다. 그런데 수익률의 하락 과정에서 나타나는 변동성이 더 클 뿐만 아니라 수익률의 하락은 자산가치의 감소를 의미하기 때문에 변동성을 대체로 리스크라고 인식하는 경우가 많다. 한편 투자의 현인 워런 버핏은 투자 노트에서 "투자의 첫번째 원칙, 절대로 돈을 잃지 마라. 두번째 원칙, 첫번째 원칙을 잊지 마라."라고 적시한 바 있다. 그만큼 리스크 관리가 중요하다고 언급한 것이다. 또한 주식 투자를 할 때 하방 리스크는 적고 상승 여력이 클 수 있는 종목을 발굴하여 적절한 시기에 투자를 해야 한다는 의미이기도 하다.

그런데 개인들이 주식을 투자할 때 기대수익률을 높게 잡을 경우 이에 따른 손실 가능성도 그만큼 커진다는 점을 간과하는 경우가 종종 있다. 예를 들자면, 중소형주는 대형주보다 주가 변동성이 클 가능성이 높다. 또한 배당주나 가치주보다 성장주의 주가 변동성이 상대적으로 크다. 물론 시장 상황, 투자 심리 등에 따라 변동성의 수준이 달라질 수 있으나, 해당 투자 대상 자산의 특성을 충분히 이해하고 접근할 필요가 있다는 점을 유념해야 할 것이다.

기대수익률과 변동성의 관계를 수학적으로 예를 들어 살펴보겠다. [표 2-1]은 매년 투자수익률이 2개 연도씩 일정한 패턴을 보인다고 가정하고, 2개 연도 투자수익률의 단순 합산이 20%가 되는 예시이다. 1안은 매년 10%씩 수익을 내며 2개년의 단순 합산 수익률이 20%이다. 4안의 경우는 한 해는 50%로 높은 수익을 달성하나 다음해에 30%만 손실이 나는 것을 가정한 것이다. 이를 단순 합산하면 20%의 수익률이 된다.

표 2-1 투자안에 따른 단순 투자수익률 가정 1

구분	1안	2안	3안	4안
초년도 수익률	10%	20%	30%	50%
차기년도 수익률	10%	0%	-10%	-30%
계	20%	20%	20%	20%

이러한 조건하에 최초 10,000,000원을 투자한다고 가정하고 이것을 복리로 반복해서 계속 누적했을 때 나오는 누적 수익률의 수치를 그래프화한 것이 [그림 2-2]의 수익률 반복에 따른 누적 투자성과의 곡선이다. 그래프의 결과에서 나타나는 바와 같이 매년 10%의 수익률을 낼 수 있는 1번안의 투자 성과가 가장 좋으며 시간이 지날수록 수익률 곡선이 가팔라지는 것을 볼 수 있다. 이에 비해 4번안은 많은 수익이 날 듯하지만 실제로는 제자리에서 큰 발전이 없다는 사실을 알 수 있다. 따라서 종자돈 1천만원으로 시작한 투자가 5억원이 될 수 있는 가장 적합한 방법은 매년 10%씩의 수익률을 꾸준히 달성하는 것이라 할 수 있다.

그림 2-2 [표 2-1]의 수익률 반복에 따른 누적 투자성과 곡선

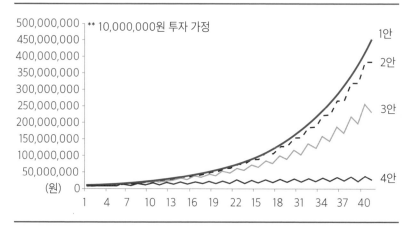

왜 이런 현상이 일어날까? 핵심은 복리효과의 힘과 적절한 기대수익률의 관리이다. 연10%의 수익률이 누적되는 1안을 보면 수익률 곡선이 단순히 직진성으로 우상향 곡선을 그리는 것이 아니다. 복리효과가 쌓이게 되면 기하급수적으로 자산이 증가하는 것이다. 즉, 일정 정도 자산이 모이면 자산의 증가 속도가 더 커지는 특성을 보이고 있다. 실제 1,000만원의 10%는 100만원이며, 1억원의 10%는 1천만원이고, 5억원의 10%는 5천만원이다. 한편으로는 연간으로 투자를 통해 달성하고자 하는 포트폴리오의 기대수익률을 너무 높게 잡지 않더라도 손실 리스크를 관리하면서 꾸준한 투자 수익률을 만들어 낼 수 있다면 소기의 목표를 달성할 수 있다는 아이디어를 얻을 수 있는 것이다.

또한 여기서 중요하게 보아야 할 것이 손실을 줄이는 것이다.

손실이 날 경우 손실 폭에 따라 회복의 속도가 달라지기 때문이다. 산술적으로 원금에서 10%의 손실이 났다면 11.1%의 수익을 내야 원금이 된다. 30%의 손실이 났다면 42.9%의 수익을 내야 원금이 된다. 따라서 손실 리스크에 대한 관리가 그만큼 중요하다는 것을 수학적으로 나티낸 것으로 볼 수 있다. 이것이 바로 워런 버핏이 강조한 "절대로 돈을 잃지 마라"라는 원칙과 일맥 상통하는 것이다.

이처럼 단기간에 높은 성과를 추구하기보다 안정적인 성과를 추구하며 장기간에 걸친 플랜을 실천해 나간다면 1천만원을 들고 마라톤을 하듯 꾸준히 투자하여 5억원을 만드는 것이 가능할 수 있을 것이다. 만약 종잣돈이 크다면 또는 투자 규모를 계속 늘려 나간다면 5억원을 만드는 시간을 더욱 앞당길 수도 있을 것이다. 이것은 다소 이론적이긴 하지만 실제 사례를 찾아본다면 워런 버핏의 버크셔 해서웨이가 달성한 성과를 보면 될 것이다. 포춘의 분석에 따르면 버크셔 해서웨이는 1965년부터 2022년까지 연평균 19.8%의 수익률을 달성하였다. 같은 기간 미국 S&P500지수의 연평균 수익률만 하더라도 9.9%이니 이보다 두 배의 수익률을 달성한 것이다.

그림 2-3 버크셔 해서웨이의 장기 주가 추이

[표 2-1]의 예시는 그래도 일정 정도 투자에서 성과를 낼 수 있는 경우이다. 일반적인 경우에 투자의 승률이 50%대 50%라고 가정하면 어떠한 결과가 나올까. [표 2-2]는 매년 투자수익률이 2개 연도씩 일정한 패턴을 보인다고 가정하고, 2개 연도 투자수익률의 단순 합산이 0%가 되는 예시이다. 이것을 가지고 최초 100,000,000원을 투자한다고 가정하고, 이를 계속 반복해서 나온 누적 성과의 수치를 그래프화한 것이 [그림 2-4]의 누적 투자성과 곡선이다.

이에 따른 결과를 보면, 매년 이익률과 손실률의 폭이 10% 수준인 1안의 경우 원금 수준에 비교적 근접하게 유지해 나갈 수 있는 것으로 나타난다. 하지만 2안부터는 급격히 누적 수익률이 악화되는 것을 볼 수 있다. 만약 50%의 손실이 났다면 100%의 수익률을 달성해야 원금이 되기 때문이다. 이는 수익률의 변동성이 클수록 실패할 가능성이 크다는 것을 보여주는 부분이다. 한편 이러한 결과는 실제 주식 거래 시 발생하는 거래수수료나 거래세를 반영하지 않았다는 점에서 이를 반영한다면 손실률은 더욱 커질 것이다.

따라서 투자 수익률의 변동성을 반드시 체크하고 관리해야 한다. 즉 손실에 대한 리스크를 관리하지 않는다면 투자를 통해 성공할 가능성이 적어질 수 있다는 점을 명심할 필요가 있다. 또한 기대수익률에 있어서도 너무 높은 기대수익률을 바란다는 것은 그만큼 손실이 커질 수 있으며, 치명적인 손실이 발생할 경우 회복에 많은 시간과 노력이 필요하다는 점을 인식해야 한다. 일반적으로 주식 투자를 할 때 자주 언급되는 "우량 대형주에 투자해라. 분산투자로 손실 확률과 포트폴리오의 변동성을 줄여라. 신용거래 등 레버리지를 쓰지 말라" 등의 조언이 이와 관련된 것이라 할 수 있다.

표 2-2　투자안에 따른 단순 투자수익률 가정 2

구분	1안	2안	3안	4안
초년도 수익률	10%	20%	30%	50%
차기년도 수익률	-10%	-20%	-30%	-50%
계	0%	0%	0%	0%

[표 2-2]의 수익률 반복에 따른 누적 투자성과 곡선

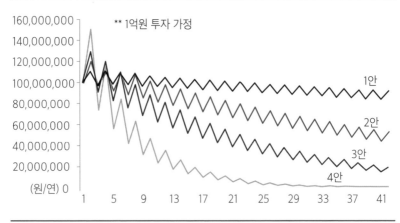

여기서 골프와 투자의 유사성을 얘기해 보도록 하겠다. 프로 골퍼들의 목표는 무엇인가. 당연히 3~4일 동안 진행되는 특정 대회에서 우승하거나 상위권에 진입하여 많은 상금을 타는 것이다. 이를 위해 프로골퍼들은 하루에도 몇 시간씩 훈련을 하면서 샷과 퍼팅의 안정성을 높이고 실수를 줄이려고 노력한다. 그런데 골프 경기에서 우승권에 있었던 프로선수들도 한두 번의 실수로 리듬이 깨지며 타수를 잃어가는 상황을 종종 보게 된다. 따라서 비슷한 실력을 가진 프로 골퍼들의 경기에서 우승을 하기 위해서는 특히 실수를 줄이는 것이 핵심 전략이 되는 것이다.

이러한 골프의 특성은 앞서 살펴본 기대수익률과 변동성의 관계에서 살펴본 내용과 유사하게 적용된다. 즉 투자를 함에 있어서도 큰 실수 또는 큰 손실이 날 확률을 줄이는 것, 즉 투자 수익

률의 변동성에 대한 관리가 필요하다. 이와 같이 변동성을 관리하면서 복리효과를 쌓아 간다면 투자 세계에서의 성공 가능성이 높아질 것이다. 하지만 일반적으로 이것이 잘 안되는 이유는 결국 높은 수익률에 대한 욕심 또는 단기간에 승부를 내고자 하는 무리한 투자 등에서 비롯된다고 하겠다.

펀드매니저나 자산관리자(PB, WM)에 대한 평가에 있어서도 이와 같은 기준을 적용해 볼 수 있다. 어떤 펀드매니저나 자산관리자가 높은 수익률을 달성하였다고 하였을 때 그 성과가 변동성에 얼마나 노출되어 있었는지 살펴볼 필요가 있다. 단기간에 높은 성과는 높은 손실 가능성을 내포할 수도 있기 때문이다. 이러한 기준을 잘 나타내는 것이 샤프비율이다. 샤프비율은 일정 기간 동안의 펀드 성과를 펀드 수익률의 변동성 수치로 나눈 지표이다. 따라서 훌륭한 자산관리자는 리스크를 잘 관리하면서 적정한 수익률을 달성하는 것을 목표로 삼아야 할 것이다.

이와 함께 생각해야 할 부분은 실수를 교훈 삼아 한 단계 업그레이드하는 계기로 삼아야 한다는 점이다. 골프의 라운딩에 있어서 고수이건 초보이건 실수는 하게 마련이다. 이에 대하여 골프 고수들은 얘기한다. 실수를 하였을 경우 오늘은 평균타수보다 한 타를 더 친다고 생각하고 앞선 실수를 잊고 다음 샷에 집중해야 한다는 것이다. 투자에서도 마찬가지이다. 투자를 진행하다 보면 실수가 있을 수 있다. 이때 이러한 실수를 교훈 삼아 다음부터는 같은 실수를 하지 않도록 더 좋은 투자 전략을 구사하면 된다. 이를 위해서는 충분한 공부의 시간을 통하여 투자의 경험을 쌓아나가는 것이 중요할 것이다.

기대수익률을 합리적으로 설정하고 긴 호흡으로 관리

수익률의 변동성이 있는 투자자산을 관리함에 있어서 우선적으로 생각해야 할 부분은 투자에서 벌어들이고자 하는 기대수익률을 합리적으로 설정하는 것이다. 이자율이 정해져 있는 예금이 아닌 투자자산에는 어딘가에 리스크, 즉 손실을 볼 수 있는 위험성이 동반되어 있다. 그래서 투자자산을 위험자산이라고 부르기도 한다. 특히 주식자산의 경우 변동성이 크기 때문에 내 자산 포트폴리오의 기대수익률을 얼마로 설정하는가에 따라 주식에 대한 투자 비중을 얼마로 할지, 주식과 관련한 투자 방법을 어떻게 할지 등에 대한 방향이 결정된다고 할 수 있다.

예를 들어, 투자자산에서 얻고자 하는 기대수익률을 낮게 설정하고 은행 예금금리보다 조금 높은 수익률을 거두고자 한다면, 무리한 수준의 주식 투자를 할 필요가 없다. 즉 변동성이 큰 투자자산의 비중을 줄임으로써 손실 리스크를 낮추는 다양한 투자 수단을 찾아볼 수 있을 것이다. 또한 나의 금융자산 중 주식 투자의 비중을 나머지 자산에서 발생하는 이자 소득으로 커버할 수 있는 범위에서 설정할 수도 있다. 주식투자의 방법에 있어서도 주식 직접 투자보다는 분산투자가 가능한 펀드 등 간접 투자를 선택할 수 있다. 또한 부동산펀드, 공모주펀드, 메자닌펀드 등 중위험·중수익의 상품들에 분산 투자를 하는 것도 대안이 될 수 있다.

중요한 것은 [수익률의 변동성을 관리하는 것이 자산관리의 핵심] 파트에서 살펴본 바와 같이 변동성을 잘 관리하면서 안정적인 수익률을 쌓아간다면 복리효과에 의해 장기적으로 큰 부를 축적할 수 있을 것이다. 즉 기대수익률을 낮춘다는 것은 변동성을 관리한다는 의미가 되며, 이에 따라 복리효과도 극대화될 수 있기 때문이다.

[그림 2-5]는 연평균 투자수익률별 복리효과에 따른 자산규모의 증가를 KOSPI지수와 비교해 본 것이다. 주식시장은 2000년 초 1,000p를 기록한 이후 수차례의 등락을 거치며 2021년 3,000p를 돌파하였다. 2000년 IT버블 붕괴, 2008년 글로벌 금융위기, 2020년 코로나 위기 등 급등락 장세를 보이는 우여곡절 끝에 3,000p시대를 열었던 것이다. 이것과 비교하여 만약 2000년부터 연5%의 평균 수익률을 실현하면서 복리효과를 달성할 수 있었다면 장기적으로는 변동성에 적게 노출되면서 시장을 이길 수 있었다는 결론이 도출된다.

물론 이것은 하나의 가정이며, 기준시점을 언제로 설정하느냐에 따라 차이가 있을 수 있지만 적절한 기대수익률과 복리효과의 중요성을 잘 보여주는 예시라고 할 수 있다. 즉, 주식시장을 통해서만 큰 부를 축적하겠다거나 단기간에 높은 기대수익률을 얻고자 하는 방법보다는 장기적으로 안정적인 수익률을 추구하는 것이 더 좋을 수 있다는 사례를 보여주는 것이다.

그림 2-5 연평균 투자수익률별 복리효과와 KOSPI 수익률

자료: KRX
주: 2001년 1월 100기준

한 가지 더 생각할 것은 세금이다. 높은 예금이자나 고수익의 채권이자를 받는다고 하더라도 이자소득세를 내야 한다는 가정하에 세금을 제외한 수익률을 계산해 보면 복리효과 관점에서 불리할 수밖에 없다. 그래서 절세 전략이 중요한 것이다. 국내 주식의 경우도 조건이 충족되면 자본차익에 대해서는 세금이 없지

만 주식 매매수수료와 거래세가 발생하므로 거래 횟수가 많다면 KOSPI 수익률을 좇아가지 못할 수 있다.

한편 주식에 투자함에 있어서도 종합주가지수가 올랐다 하더라도 주식 투자 전략에 따라 지수만큼의 수익률을 달성하지 못할 수 있다. 사실 이런 경우가 대부분 개인들의 직접 주식 투자의 결과인 경우가 많다. 물론 주가 조정기마다 적절하게 시장을 잘 방어하는 투자전략을 사용했거나 장기적으로 큰 폭으로 상승한 우량주들을 꾸준히 사 모았다면 주식 투자 수익률이 시장 수익률을 상회할 수도 있었을 것이다.

따라서 주식에 투자하더라도 적절한 기대수익률을 설정하고, 장기 투자, 분산 투자 등의 원칙을 잘 지키면서 변동성을 관리하는 투자 전략이 필요하다. 만약 과도한 기대수익률을 설정하고 투자성향이나 자산규모에 비하여 높은 변동성에 노출되는 투자를 지속한다면 심리적 한계와 맞물려 투자에 실패할 가능성이 높다고 하겠다. 따라서 나의 전체 금융자산 포트폴리오의 기대수익률을 적절하게 설정하고, 이 목표를 어떻게 하면 안정적으로 달성할 것인가에 대한 공부의 시간을 가질 필요가 있다.

장기 투자, 분산 투자, 적립식 투자가 변동성 관리의 지름길

주식이든, 채권이든 투자자산을 관리할 때 장기 투자, 분산 투자, 적립식 투자를 해야 한다는 얘기를 많이들 알고 있을 것이다. 문제는 실천이 잘 안된다는 점이다. 특히 주식처럼 변동성이 큰 자산의 경우는 더욱 그렇다. 필자의 경우도 오랜 기간 증권회사에서 근무하면서 매일 증권 시세를 볼 수밖에 없었다. 그러하다 보니 주가의 변화에 따라 하루에도 몇 번씩 매매의 욕구가 생기게 마련이었다. 일반적으로 개인이 직접 주식에 투자하는 경우도 핸드폰을 통하여 손쉽게 주식 시세를 확인하고 주식 평가액을 볼 수 있는 것은 장점이자 단점이 될 수도 있다.

한편 주식 투자를 오래한 투자자들도 분산 투자가 잘 지켜지지 않는 경우가 많다. 이는 결국 높은 투자 수익률에 대한 기대와 맞물린 부분이며 심리적인 한계이기도 하다. 따라서 장기 투자, 분산 투자라는 기본적인 원리들을 잘 지켜야 한다는 의미에서 각 원칙들을 강조하는 배경을 한 가지씩 살펴보도록 하겠다. 특히 투자자산이 가지는 변동성을 관리하는 데 있어서 이러한 투자 원칙들이 해결책을 제공해 줄 수 있을 것이다.

첫째, 왜 장기 투자를 해야 할까? 경제는 장기적으로 성장해 왔고 향후에도 그럴 가능성이 높다. 그렇다면 기업들의 이익 규모가 증가하면서 주식시장도 장기적으로 상승 추세를 보일 것으로 예상할 수 있다. 투자자산 중에서도 주식시장의 장기 누적 상승률이 부동산이나 금, 채권 등의 상승률보다 가장 높았다는 것은 여러 자료에서 찾아볼 수 있다. 세계 각국 증시의 역사적 데이터를 가지고 주식시장이 장기적으로 상승한다는 것을 실증해 보인 대표적인 사람이 와튼스쿨의 제레미 시겔 교수이다.

문제는 주식시장이 다른 투자자산 시장보다 수익률의 등락폭이 크다는 점이다. 그렇다면 주식시장의 이러한 높은 변동성을 어떻게 극복할 것인가. 이에 주요 지수를 기준으로 보유 기간별로 최대 상승폭과 하락폭을 계산해 보았다. [그림 2-6]에서 나타나는 바와 같이 미국의 다우지수와 한국의 KOSPI를 연간 기준으로 보유 기간별로 수익률을 분석해 볼 때, 평균 보유기간이 단기일수록 최고 상승폭이 컸으나 최고 하락폭도 커 변동성 리스크에 노출됨을 알 수 있다. 하지만 장기로 보유할수록 수익률의 하락 리스크가 작아지고, 수익의 실현 가능성은 더욱 커짐을 알 수 있다.

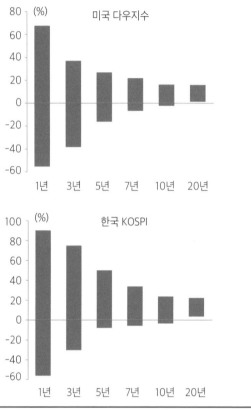

자료: KRX, NYSE
주: 분석 기간은 다우지수 1921~2020년, KOSPI 1975~2020년

한편 주식시장의 전망이 어렵다는 점에서 주가 상승폭이 큰 특정일이나 특정 월간을 보유하기 위해 장기 투자가 필요하다. [그림 2-7]은 KOSPI 기준으로 상승폭이 가장 컸던 달의 순위를 정하고 해당 기간의 보유 여부에 따른 총 보유기간의 수익률을 분석한 것이다. 2001년부터 20년간을 분석해 볼 때 KOSPI지

수의 전체 수익률은 469%에 달하지만, 해당 기간 240개월에서 상승폭이 컸던 달 중 상위 10개월을 제외하게 되면 총 수익률이 48% 수준으로 크게 줄어든다는 사실을 알 수 있다. 이 결과는 주가 예측을 통한 단기적인 접근이 어려울 뿐만 아니라 장기 보유 시 높은 누적 수익률의 달성 가능성이 증가한다는 점을 나타 낸다.

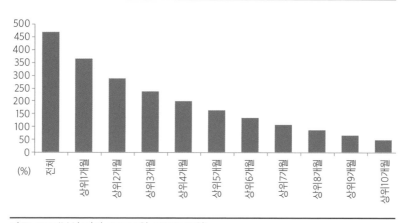

그림 2-7 KOSPI의 상승폭이 컸던 달의 보유 차이에 따른 총수익률 비교

자료: KRX(분석 기간 2001.1월~2020.12월)

　물론 개별종목을 장기로 투자했을 때 무조건 성공하는 것은 아니다. 투자한 기업의 재무 상태와 사업 현황, 주식의 상대적 가 치 등에 대한 충분한 공부가 없이 주식시장에 상장되어 있는 종 목들 중에 하나를 아무때나 사서 그냥 장기적으로만 가지고 있

으면 성공할까. 그럴 가능성은 낮을 것이다. 실제 주식시장이 상승한다고 해서 개별 종목들이 모두 상승하는 것은 아니며, 특히나 시가총액 방식으로 계산되는 지수의 성격상 살아남아 있는 주식들만이 지수를 구성한다는 면에서 지수만을 바라볼 때에는 착시현상이 있기도 하다. 이를 종합해 보면, 주식시장에서 각종 이슈에 따라 주가의 변동성이 있더라도 우량 기업의 주식 또는 ETF(상장지수펀드), 주식형펀드 등은 장기적으로 상승 추세를 보일 가능성이 크며, 따라서 단기적인 시세보다는 장기적인 관점에서 주식 시장을 바라보며 투자를 해야 할 것이다.

둘째, 분산 투자의 필요성을 살펴보겠다. 분산 투자는 자산배분의 관점에서 부동산, 주식, 채권, 금 등의 투자자산에 나누어 분산 투자하라는 의미가 될 수도 있고, 국가별, 업종별, 주식별로 여러 종목에 나누어 투자하라는 의미도 있다. 여기서 분산 투자 효과를 높이기 위해서는 상관관계를 고려해야 한다. 투자자산 간, 산업 간에 상관관계가 낮을수록 분산 투자의 효과가 커진다. 예를 들어, 여러 종목에 분산 투자한다고 하여 반도체 관련주만 산다든가, 이차전지 주식들만 나누어 산다든가 하는 것은 분산투자의 의미가 크게 퇴색된다고 할 수 있다.

실제 [그림 2-8]의 2011년 이후 각 자산별 연간 수익률 현황을 비교해 보면 투자자산 간, 투자시장 간 수익률의 편차가 크게 나타남을 알 수 있다. 이는 시장의 예측이 어렵다는 부분이 될 수도 있고, 상대적으로 자산배분의 필요성을 보여 준다고 할 수 있다. 중요한 점은 분산 투자를 통해 이러한 자산 간 수익률의 편차에서 발생하는 리스크를 일정 부분 커버할 수 있다는 부분이다.

그림 2-8 2011년 이후 각 자산별 연간 수익률 비교

2011	2012	2013	2014	2015	2016	2017	2018	2019	2020	2021	2022
금 10.2	나스닥 15.9	나스닥 38.3	중국 52.9	코스닥 25.7	유가 45.0	나스닥 28.2	환율 4.5	나스닥 35.2	코스닥 44.6	유가 55.0	환율 6.0
유가 8.2	S&P500 13.4	S&P500 29.6	나스닥 13.4	중국 9.4	S&P500 9.5	코스닥 26.4	채권금리 2.1	유가 34.5	나스닥 43.6	S&P500 26.9	채권금리 3.2
채권금리 3.6	KOSPI 9.4	유가 7.2	S&P500 11.4	환율 7.2	금 8.5	KOSPI 21.8	금 -2.1	S&P500 28.9	KOSPI 30.8	나스닥 21.4	유가 1.2
환율 2.3	금 7.0	채권금리 2.8	코스닥 8.6	나스닥 5.7	나스닥 7.5	S&P500 19.4	나스닥 -3.9	중국 22.3	금 24.6	환율 9.3	금 -1.5
S&P500 0.0	중국 3.2	코스닥 0.7	환율 4.2	KOSPI 2.4	KOSPI 3.3	금 13.6	S&P500 -6.2	금 18.96	S&P500 16.3	코스닥 6.8	중국 -15.1
나스닥 -1.8	채권금리 3.1	KOSPI 0.7	채권금리 2.6	채권금리 1.8	환율 2.6	유가 12.5	코스닥 -15.4	KOSPI 7.7	중국 13.9	중국 4.8	S&P500 -19.4
코스닥 -2.1	코스닥 -0.8	환율 -1.3	금 -1.5	S&P500 -0.7	채권금리 1.4	중국 6.6	KOSPI -17.3	환율 3.5	채권금리 1.0	KOSPI 3.6	KOSPI -24.9
KOSPI -11.0	유가 -7.1	중국 -6.7	KOSPI -4.8	금 -10.4	코스닥 -7.5	채권금리 1.8	중국 -24.6	채권금리 1.5	환율 -5.7	채권금리 1.4	나스닥 -33.1
중국 -21.7	환율 -7.9	금 -28.2	유가 -45.9	유가 -30.5	중국 -12.3	환율 -11.7	유가 -24.8	코스닥 -0.9	유가 -20.5	금 -3.5	코스닥 -34.3

주: 환율은 원/달러환율, 채권은 국고채3년수익률, 중국은 상해종합지수

한편 [그림 2-9]는 주식 투자 시 보유 종목수가 늘어날수록 분산투자 효과, 즉 포트폴리오의 총변동성이 낮아진다는 것을 실증분석한 결과이다. 이처럼 투자한 종목수가 늘어나게 되면 변동성, 즉 손실 리스크를 줄일 수 있다. 물론 이에 따른 기대수익률도 다소 낮아질 수 있으나, 장기로 투자하여 변동성을 줄이면서 안정적인 기대수익률을 달성하고자 한다면 꼭 염두에 두어야 할

부분이라 하겠다. 여기서 한 가지 특징적인 부분은 보유 종목수가 10개를 넘어서면서 총변동성의 감소폭이 미미하다는 점이다. 이를 감안할 때 개인별 기대수익률과 변동성에 대한 감내도에 따라 적절한 종목수를 조절하는 전략이 필요하다고 하겠다.

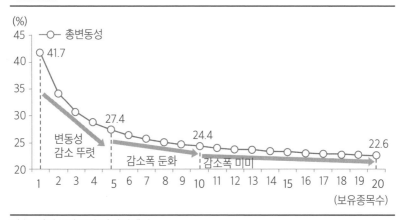

그림 2-9 보유 종목수 변화에 따른 포트폴리오 총변동성에 대한 시뮬레이션

자료: 한화투자증권 리서치센터
주: 2005년 이후 매년 초 시가총액 상위 200종목 중에서 무작위로 보유 종목수별 포트폴리오를 구성하여 1천회씩 시뮬레이션을 실시하였음. 총변동성은 주간 수익률 표준편차로 측정되었으며 연율화한 변동성 수치임

"계란을 한 바구니에 담지 말라"라는 말은 많은 사람들이 아는 격언이다. 하지만 주식투자를 하다 보면, 심리적으로 분산투자가 잘 안되는 경향이 있다. 이는 특정한 종목의 수익률이 크게 나타났을 때 그 종목을 많이 못 샀다는 아쉬움이 남게 되기 때문이다. 또한 투자심리학적으로 수익이 난 종목을 빨리 처분하고,

손실이 난 종목은 오히려 장기로 보유하게 되면서 시간이 지나고 나면 손실이 난 종목들만 포트폴리오에 남는 경우가 비일비재하다. 이러한 심리적 한계를 극복할 수 있는 훈련 과정도 필요해 보인다.

셋째, 적립식 투자의 장점에 대해 알아보겠다. 일반적으로 은행 예금을 매월 저축하는 것을 적금이라 하고, 수익률의 변동성이 있는 주식, 주식형펀드 등의 투자자산을 매월, 매 분기 주기적으로 매수하는 것을 적립식 투자라고 한다. 시장 흐름에 따라 수익률의 변동성이 있는 주식 또는 주식형펀드 등을 적립식으로 꾸준히 매수하게 되면 어떤 장점이 있을까.

이를 가장 잘 나타내는 것이 Cost Averaging (평균 매입단가 하락) 효과이다. 이는 주기적으로 일정한 금액을 정하여 가격 변동에 관계없이 장기간 주기적으로 주식을 매수할 때, 주가가 하락하면 더 많은 수량의 주식을 매입하게 되고 반대로 주가가 상승하면 적은 수량의 주식을 매입하게 되는 과정에서 주식의 평균 매입 단가가 낮아지는 효과이다. 주식시장이 장기적으로 상승해 왔으며 앞으로도 그럴 가능성이 크다면 적립식 투자는 결국 투자에 있어 성공 가능성을 높이는 투자 전략이라 할 수 있다.

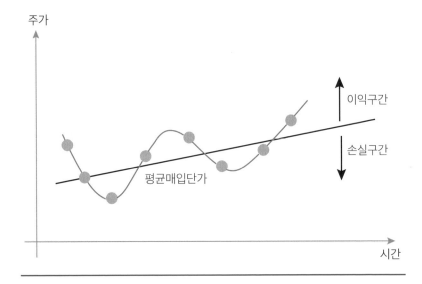

그림 2-10 적립식 투자 시 평균매입 단가 하락 효과

이와 같은 적립식 투자에 대하여 투자의 대가인 피터 린치는 "하락장에 대응하는 가장 쉬운 방법은 주식이나 펀드를 산 다음 계속 적립식으로 분할 투자하는 것이다"라고 조언하였다. 벤저민 그레이엄도 "투자에 신경 쓸 시간이 부족하다면 적립식 투자가 최고이다"라고 언급한 바 있다.

여기서 주의해야 할 점은 매수할 주식 종목들이 부실하여 주가가 하락추세에 있다면 그 전제 조건부터 잘못된 선택이 된다는 점이다. 또한 포트폴리오를 구성하여 포트폴리오에 있는 주식들을 분할 매수하는 방법을 생각해 볼 필요가 있다. 아예 분산 투자가 잘 되어 있는 주식형펀드나 ETF 등을 적립식으로 투자하는 방안도 있을 것이다. 한편 평균 매입단가 하락 효과를 보다 극대화한다면 주식시장이 크게 상승해 있는 고평가된 영역에서는 매수 금액을 줄이고, 주식시장이 조정을 보여 저평가된 구간에 있을 때에는 매수 금액을 늘리는 전략이 이상적이라 할 수 있다.

지금까지 살펴본 장기 투자, 분산 투자, 적립식 투자 원칙은 투자의 원론이기에 대부분의 투자자들이 알고 있지만, 투자자들의 심리적 한계와 맞물려 잘 실천되지 않는다는 점에서 원칙을 체득하는 훈련의 과정이 필요하다고 생각된다. 중요한 점은 이러한 투자 원칙들을 지켜나갈 때 자산 포트폴리오의 변동성이 관리된다는 점을 유념할 필요가 있다.

한편 이러한 투자 원칙들을 한꺼번에 해결할 수 있는 방안이 있다면 어떤 것이 있을까. 이러한 전략의 대표적인 것이 주식형 펀드에 대한 장기 적립식 투자일 것이다. 주식형펀드는 주식 시세의 변동에 따른 잦은 매매 욕구를 줄여주어 장기 투자가 가능할 뿐만 아니라 펀드라는 특성상 자연스럽게 분산 투자가 되고, 적립식 투자도 가능하기 때문이다. 이에 대한 구체적인 내용은 4부에서 다루도록 하겠다.

3부

투자자산을 어떻게 관리할 것인가

일반적으로 주식에 대한 투자를 시작하는 이유는 무엇 때문일까. 원초적인 질문이지만 답은 대체로 비슷할 것이다. 여유자금이 있는데 예금 이자로는 만족스럽지 못하고, 주식시장이 장기적으로 오를 것이니 투자를 해서 돈을 벌고 그럼으로써 행복해지고자 하는 목적일 것이다. 여기서 행복이란 목표로 하는 목돈을 조기에 마련하는 것, 노후 대비 자금을 불리는 것 또는 경제적 자유를 달성하는 것 등이 될 것이다. 이와 같이 행복을 위한 투자를 시작하였는데 투자한 원금에 손실이 발생하고, 매일 밤 잠을 설치면서 미국시장이 어찌될까 고민하고, 본업보다 투자에 더 많은 신경이 쓰인다면 미래의 행복을 위한 투자가 오히려 현재의 행복을 저해하는 요인이 될 수도 있다.

어찌 보면 행복을 위한 투자를 행함에 있어 그 과정도 즐거워야 한다. 적어도 투자하는 과정에서 괴롭다면 그 원인부터 찾아서 해결 방안을 강구해야 한다고 생각한다. 주식시장이 상승과 하락을 반복하는 사이클을 보인다는 점에서 투자를 하면서 단기적으로 손실 구간을 거치는 것은 어찌 보면 당연한 현상일 수 있다. 그러나 이러한 손실에 대한 감내도는 개인별로 차이가 크다. 이는 투자자의 성향과 관련된 부분이기도 하다. 또한 투자에 대한 계획을 충분히 세운 상태에서 실행하였는지, 투자 금액이 본인의 전체 자산에서 차지하는 비중이 얼마인지, 적절한 기대수익률과 손실이 발생했을 때의 대처 방안을 가지고 있는지 등 투자

자의 사전적인 준비와 마인드에 따라 투자 과정에서 느끼는 심리
는 커다란 차이를 가지고 온다.

따라서 장기적으로 투자를 계속해 나갈 것이라면 미래의 행복
을 가져올 투자 행위 자체에서 행복감을 느낄 수 있어야 한다고
생각한다. 이렇게 하려면, 투자 계획을 생애 재무설계라는 관점
에서 접근해야 하며, 투자자의 성향에 맞는 투자자산 선택 등 투
자 원칙들을 명확히 설정하고 실천해 나가야 할 것이다. 이와 같
이 어떠한 프로세스로 투자자산을 관리할 것인가에 대하여 정리
해 보았다.

생애 재무설계에 기초한 투자 계획 수립 필요

실전적으로 나의 투자자산에 대한 관리를 실행하기 위하여 우
선적으로 생각해야 할 부분은 나 자신 또는 가족의 향후 장기적
인 라이프플랜을 생각해 보고 그에 맞는 재무적인 준비를 해나가
는 것이다. 즉, 각자의 현재 재무 상황과 미래에 진행될 재무적인
이벤트들에 대하여 큰 그림을 그려 보고, 거기에 맞는 장기적인
자산관리 전략과 투자 계획을 수립하는 것이다. 이를 생애 재무
설계라고 한다.

일반적으로 투자를 언급할 때 재테크라는 말을 많이 사용하
지만, 재무설계의 중요성을 강조하기 위하여 재테크와 재무설계

의 차이점을 비교해 볼 필요가 있다. 재테크라고 하면 다소 단편적으로 특정 분야에서 단기간에 일정한 수익을 얻고자 하는 투자 행위를 일컫는 경우가 많다. 이에 비해 재무설계는 현재 재무상황과 미래의 예상 소득 등에 기초하여 재무목표를 설정하고 이에 맞는 저축과 투자 방안 등을 계획하여 실천하는 것을 의미한다. 따라서 재무설계에서는 단기적인 성과보다 장기적인 투자 성과와 개인의 목표에 맞는 포트폴리오의 구성 등이 중요시된다고 하겠다.

이러한 재무설계는 다음과 같은 프로세스로 진행된다. 첫째 단계는 재무목표를 명확히 설정하는 것이다. 주택자금, 노후자금, 자녀 교육자금 등 재무목표는 여러 가지가 있을 수 있으며 이에 대한 우선 순위를 정하고 각각의 재무목표에 따른 필요자금을 추정해 보는 단계이다. 둘째, 자신의 자산과 부채, 수입과 지출 등을 파악하여 현재의 재무상태와 미래 현금흐름 등을 분석해 보는 단계이다. 셋째, 재무목표를 달성하기 위해 필요한 자금 계획을 설계하는 단계이다. 이 단계에서 재무 목표를 달성하기 위해 필요한 자금의 규모와 현재 재무현황 등을 비교하여 부족 자금을 확인한다. 넷째, 각 재무목표에 따른 필요자금과 부족자금의 마련을 위한 투자 기간과 투자 방안 등을 찾아내고 실행하는 단계이다. 투자자의 투자 성향, 투자 기간과 기대수익률 등을 고려하여 투자할 대상 상품을 결정하고 실행하는 과정을 거치게 된다. 다섯째, 주기적인 포트폴리오의 점검과 리밸런싱 단계이다. 분기나 연간 단위로 각각의 재무목표에 따른 투자 현황과 성과 등을 모니터링하고, 현재 투자시장의 변화에 맞는 투자 방향과 포트폴리오 전략을 재설정하는 것을 반복해 나가는 것이다.

통상 라이프사이클에 있어서 중요한 이벤트, 즉 재무목표는 주택마련, 결혼, 자녀양육, 은퇴 후의 삶 등이 될 것이다. 이러한 이벤트들은 개인마다 다를 것이다. 한국 경제가 과거 고성장 시대에서 저성장 시대로 바뀌었고, 부동산시장의 투자 기회 축소와 취업 경쟁 심화, 저출산 등 사회·경제적 여건이 변화하고 있다. 이에 따라 개인들의 가치관도 바뀌어 가면서 생활 패턴의 변화가 일어나고 있는 것이 현실이다. 그럼에도 불구하고 개인별로 자산을 축적하고 관리하여 궁극적으로는 은퇴 이후 노후에 행복한 삶을 살고자 하는 욕구는 누구나 비슷할 것이라고 생각된다.

여기서 강조하고 싶은 부분은 각자의 재무현황과 재무목표가 다를 수는 있지만 이러한 생애 재무설계에 대한 필요성을 조기에 인식하여 향후 계획을 수립해야 한다는 것이다. 즉, 재무 목표를 달성하기 위해서 하루라도 더 일찍 그리고 적절하게 기대수익률을 높일 수 있는 전략을 착실하게 계획하고 실천해야 한다.

표 3-1	연령대별 주요 이벤트와 자산관리에 있어 고려사항 예시	
연령대	**주요 이벤트**	**재무목표와 자산관리에 있어 고려사항**
20대	**사회 초년기** 취업, 결혼 준비	재무설계 시작, 종잣돈 마련 결혼자금 마련
30대	**가족 형성기** 결혼, 자녀 출산	자동차 구입, 전세자금 마련 자녀 육아 자금
40대	**자녀 성장기** 주택 마련, 자녀 양육	주택구입 자금 마련, 자녀 교육비 지출 적극적인 자산 관리
50대	**가정 성숙기** 자녀 결혼, 은퇴 준비	은퇴 후 재무적 독립 준비 자녀 결혼 준비
60대	**노후 생활기** 은퇴, 노후생활 시작	은퇴 및 노후생활 자금 집행 안정적인 자산관리

[표 3-2]는 예를 들어 각각의 재무 목표별로 2억원을 만든다는 계획으로 평균 수익률에 따른 적립기간과 매월 적립금액을 계산해 본 것이다. 주목해야 할 점은 투자하는 기간이 장기일수록 그리고 투자 수익률이 높을수록 매월 적립해야 하는 금액에 커다란 차이가 있다는 점이다. 예를 들어, 연5%의 평균수익률을 가정할 경우 10년 동안 준비하는 것이 20년 동안 준비하는 것보다 2.6배 많은 금액의 적립이 필요하다. 한편 같은 20년 동안 준비하더라도 연수익률 5%로 투자하면 연수익률 10% 투자의 경우보다 1.9배 많은 적립 금액이 필요하다. 여기서 생각해야 할 부분은 연 50%, 연 100% 같은 높은 수익률을 목표로 무리한 투자를 하지 않더라도 장기로 적절한 평균수익률로 투자한다면 원하는 재

무목표를 달성할 수 있다는 사실이다. 즉 1년이라도 일찍 계획하고 꾸준히 적립해 나가는 것이 재무목표를 달성하는 핵심이 될 것이다. 또한 [표 3-2]의 예시를 통하여 결혼자금, 주택마련 자금 등 어떤 재무목표가 있을 때, 목표하는 금액을 생각해 보고 그에 맞는 매월 적립금과 목표수익률이 대략 어느 정도 되어야 하는지를 가늠해 보는 것도 의미가 있을 것이다.

표 3-2 2억을 만들기 위한 수익률과 기간별 매월 적립금 예시

수익률 / 연수	1.5%	3.0%	5.0%	10.0%	15.0%
30	439,691	342,352	239,313	87,745	28,531
20	714,198	607,676	484,559	261,200	131,930
10	1,543,900	1,427,646	1,282,633	968,279	717,728
5	3,207,968	3,086,023	2,928,710	2,561,397	2,230,110
3	5,428,179	5,302,984	5,139,432	4,747,211	4,738,336

이와 함께 재무목표별로 투자하는 통장이나 계좌를 별도로 분리하여 관리하고, 그에 맞는 기대수익률에 따른 투자자산을 결정할 필요가 있다. 한편 장기간의 재무계획일수록 기대수익률을 높일 수 있는 전략을 선택할 수 있으나, 투자 기간이 짧은 재무목표의 경우는 기대수익률을 낮추면서 안정적인 목표 달성을 우선시할 필요가 있다.

투자자의 성향에 맞는 투자자산 선택

투자자산에 있어 기대수익률과 변동성(위험)은 동전의 양면처럼 같이 다니는 경향이 있다. 일반적으로 투자에서 원금의 손실 가능성이 낮아 안전성이 높다면 큰 수익을 기대하기 어렵다. 반대로 기대수익률이 높으면 위험도도 높아지기 때문에 원금의 손실 가능성이 크다고 할 수 있다. 따라서 기대수익률과 변동성은 정기예금을 할 것인가 아니면 주식투자를 할 것인가에서부터 시작하여 주식형펀드, 채권형펀드, 혼합형펀드 등 다양한 투자 대상 자산의 선택에 있어서도 중요한 기준이 된다.

이러한 기대수익률과 변동성에 대한 개인의 선호도가 다르다는 점에서 투자자산의 선택시에 사전적으로 점검해야 할 것이 자신의 투자성향이다. 실제 증권회사나 은행 등을 방문하여 투자성이 있는 상품을 거래하고자 하면 투자자 성향을 먼저 파악하는 것이 원칙이다. 제도적으로도 그렇게 하도록 되어 있다. 비대면으로 계좌를 개설하는 경우 이를 간과하는 경우가 있는데 원칙을 지킨다면 세밀하게 자신의 투자성향부터 진단해 보는 것이 바람직하다.

투자자의 성향을 진단할 때 질문지의 내용을 보면 나이, 자산규모, 투자 가능 기간, 금융자산이 총자산에서 차지하는 비중, 원금손실에 대한 감내도, 현재 수입원(소득)이 계속 있는지, 금융상품에 대한 지식 수준 등이 있다. 이를 점수화하여 투자자의 성향을 다섯 가지로 분류한다. 안정형, 안정추구형, 위험중립형, 적극투자형, 공격투자형 등이다. 이중 나는 어디에 속하는지를 판단하고, 금융기관의 직원들도 그에 맞는 투자자산을 안내하도록 제도화되어 있다.

따라서 자신의 투자 성향을 먼저 살펴보고, 이와 함께 자산관리의 목적과 기간을 고려하여 투자할 대상 자산을 선택하여야 한다. 이 부분에 대한 깊은 고민이 없었다면 첫 단추부터 다시 끼울 필요성이 있다. 기본적으로 투자성향이 안정형이나 안정추구형인데 고위험 상품의 비중이 지나치게 높다면 손실이 발생했을 때 감내하기가 어렵기 때문이다. 이에 비해 투자성향이 공격투자형이라는 의미는 투자 기간을 장기로 가져갈 수 있고, 투자하는 상품에 대한 이해도가 높으며 수입원이 안정적이어서 손실이 발생하더라도 감내가 가능하다는 것 등을 스스로 판단한 것으로 볼 수 있다. 이에 따라 금융자산에서 위험자산의 비중을 어느 정도 수준에서 결정할 것인가 하는 것도 투자 성향별로 달라질 것이다.

투자 성향을 진단해보고 투자 방향이 결정되었다면 투자자산의 선택 단계로 넘어가 보자. 투자자산이라는 큰 카테고리에서 보면 주식에 대한 직접 투자는 투자자산 중에 한 부분이다. 주식을 투자함에 있어서도 펀드, 랩 등을 통하여 간접적으로 투자하는 다양한 방법들이 있고, 주식을 기초자산으로 하는 ETF, ELS

등 다양한 금융상품들에 대한 투자도 가능하다. 여기서는 기대수 익률과 위험(변동성)의 수준에 따른 투자 가능한 자산의 분류를 먼 저 살펴보도록 하겠다.

[표 3-3]의 "투자자 성향별 투자 가능 금융투자상품 예시"는 개인들이 투자가 가능한 금융투자상품들을 중심으로 투자자의 성향별로 구분해 본 것이다. 금융 당국의 가이드라인에 따라 금 융기관들은 개별 투자상품들의 위험등급을 분류하고 고객에 대 한 상담 시 투자성향에 적합하게 상품을 안내하도록 되어 있다. 이를 바탕으로 살펴보면, 국내 주식 직접 투자의 경우는 적어도 적극투자형 이상의 투자자가 투자를 해야 적합하며, 해외주식 투 자의 경우는 공격투자형 투자자가 투자를 하는 것이 적합한 것으 로 볼 수 있다.

표 3-3 투자자 성향별 투자 가능 금융투자상품 예시

투자자 구분	금융투자상품 유형
공격투자형	해외 주식, 비상장주식, 신용거래 해외주식 ETF, 파생상품 ETF B등급 이하 채권, 외화표시 채권 원금비보장형 ELS, DLS 1등급(매우 높은 위험) 펀드
적극투자형	주식 투자 (매우 높은 위험 거래 제외) 주식 ETF, 혼합채권 ETF 원금 부분 지급형 ELS, DLS 2~3등급(높은 위험, 다소 높은 위험) 펀드

위험중립형	A 등급 이상 채권, ELB, DLB
	채권 ETF
	A2 이상 전자단기사채
	4등급(보통 위험) 펀드
안정추구형	AA등급 이상 채권, ELB, DLB
	A1 이상 전자단기사채
	5등급(낮은 위험) 펀드
안정형	국고채 등
	RP
	6등급(매우 낮은 위험) 펀드

자료: 전국투자자교육협의회, 하나증권 참조

　이와 같이 분류해 놓은 투자상품들은 각각의 기대수익률과 위험(변동성)을 반영한 것으로 볼 수 있다. 즉 안정형과 안정추구형 투자자가 투자 가능한 상품으로 갈수록 기대수익률이 낮아지기는 하지만 위험도 함께 낮아지는 것이다. 이에 비해 적극투자형과 공격투자형 투자자가 투자 가능한 상품으로 갈수록 기대수익률이 높아지지만 위험도 그만큼 커진다고 할 수 있다. 각각의 개별 상품 유형별 특징에 대해서는 4부에 다시 살펴보도록 하겠다.

　투자자의 성향이 맞지 않는 상품에 투자를 하는 것이 법적으로 금지되어 있는 것은 아니다. 하지만 이러한 권고 사항들은 투자 성향에 맞지 않는 투자를 할 경우 손실에 대한 감내도 등에서 어려움을 겪을 수 있기 때문에 가급적 투자 성향에 맞는 상품을 선택하라는 의미이다. 이에 따라 금융기관에서는 원칙적으로 고객에 대하여 투자 성향보다 투자 위험도가 높은 상품을 추천할 수 없다. 그럼에도 불구하고 고객이 투자자의 성향 보다 고위험의 상품을 원할 경우 부적합확인서라고 하여 투자성향에 맞지는 않지만 본인의 선택에 의하여 상품에 대한 설명을 듣겠다는 확인서를 받도록 하는 제도적인 장치가 마련되어 있기도 하다.

경기와 가치평가 등에 근거한 자산배분전략의 중요성

일반적으로 주식 투자를 할 때 어떤 종목을 살까에만 집중하는 경향이 있다. 항상 주식을 100%의 비중으로 포트폴리오에 담아놓고 이 종목이 좋은지, 저 종목이 좋은지, 갈아타야 하나 등에만 집중하는 것이 많은 투자자들의 사례이다. 그러다 보면 2008년 글로벌 금융위기나 2022년의 주식시장 하락장세와 같이 국내외 대부분의 주식이 동반 조정을 보이는 시기에 큰 폭의 손실을 입을 가능성이 높다. 즉 현금 보유도 투자란 말이 있듯이 주식 계좌내에서의 자산배분뿐만 아니라 전체 금융 자산에 있어서의 자산배분전략이 필요하다.

자산배분전략이란 주식, 채권, 예금 등 위험자산과 안전자산에 대한 배분 비율을 결정하는 것을 말한다. 투자자의 성향, 운용자금의 성격, 시장 상황 등을 고려한 자산배분전략을 어떻게 결정하는가는 자산 포트폴리오 수익률에 결정적인 영향을 주기 마련이다.

자산배분전략을 세분화하면, 전략적 자산배분(Strategic asset allocation)과 전술적 자산배분(Tactical asset allocation)으로 나누어 분류할 수 있다. 전략적 자산배분은 투자목적의 달성을 위해 장기적인 관점에서 자산별 투자 비중의 범위를 정하고 이를 준수해 나가는 자산배분전략이다. 이에 비하여 전술적 자산배분은 시장 상황과 자산가격의 변화 등을 반영하여 전략적 자산배분 비중을 고려하면서 투자 비중을 조정해 나가는 전략이다. 예를 들어, 대형 기관투자자의 경우는 운용자금의 특성에 맞게 장기적인 관점에서 각 자산별로 전략적 자산배분 비율과 그 범위를 정하여 놓는다. 그리고 경제 및 증시 환경 변화 등을 반영하여 전략적인 자산배분 비율의 범위 안에서 비중을 조절하면서 추가적인 수익률의 향상을 위하여 전술적 자산배분의 투자 의사를 결정하는 프로세스를 주기적으로 진행하는 경우가 대부분이다.

자산배분전략의 중요성을 강조한 대표적인 연구 자료가 1991년 'Financial Analyst'에 발표된 바 있다. Brinson, Singer, Beebower는 미국 주요 연기금펀드들의 수익률에 영향을 주는 변수들을 분석하였다. 이들은 'Determination of Portfolio Performance II: An Update'에서 조사대상 82개 연기금펀드의 1977년~1987년 10년간 전체 투자수익률을 분석하였다. 그 결과 여러 요인 중 자산배분전략이 전체 투자수익률에 기여한 부분이

91.5%로 가장 큰 비중을 차지하였던 것으로 분석되었다. 이에 비해 펀드매니저들의 종목 선정 능력이나 마켓타이밍 등이 펀드 수익률에 미치는 영향은 크지 않았던 것으로 나타났다.

이는 앞서 언급한 바와 같이 주식 투자를 할 때 주식 종목들 중에 어떤 것을 사고, 팔까에 대한 고민보다 투자자산 중 얼마의 비중으로 주식을 편입할까가 더 중요함을 실증적으로 보여준 연구 자료라고 하겠다. 주식 투자 등 투자에 대하여 오랜 기간 경험을 쌓아오지 않은 일반 투자자에게 있어서 자산배분전략의 중요성은 더욱 클 것으로 보인다.

그림 3-1 미국 연기금펀드들의 수익률에 영향을 미치는 기여도 분석

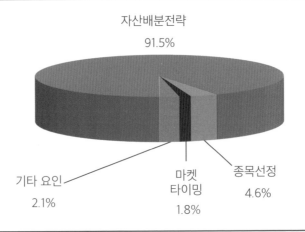

자료: Financial Analysts Journal(1991년)

그렇다면 실제 투자에서 나의 전체 자산 중에 주식관련 투자자산을 몇 프로의 비중으로 가져갈 것인가. 이를 위해서 투자성향과 나이, 자산 현황 등을 고려하여 큰 틀에서의 전략적 자산배분 비중을 먼저 결정해야 한다. 예를 들어, 젊은 세대의 경우 장기적인 투자가 가능하며 월급 등 현금 흐름이 좋다면 기본적으로 주식관련 자산의 비중을 높게 가져갈 수 있을 것이다. 이에 비해 은퇴를 전후한 중장년층이라면 상대적으로 주식관련 자산의 비중은 낮추면서 중위험·중수익 상품 등의 비중을 높일 필요가 있다. 이에 대한 간단한 기준을 예시한 것이 "100 − 나이 = ?"의 법칙이다. 예를 들어, 20세라면 금융자산 중 80%를 주식관련 위험자산에 투자할 수 있다. 60대라면 금융자산 중 주식관련 자산의 투자비중을 40% 이하로 조절하는 것이 바람직하다는 자산배분의 법칙이다.

다음 단계로 전술적 자산배분의 관점에서 세부적으로 주식 등 투자자산의 비중을 조절해 나가는 과정을 살펴보자. 앞서 전략적 자산배분 관점에서 기본적으로 가져가야 할 투자자산의 편입 비율을 정하였다면, 전술적 자산배분에서는 경제 상황이나 주식시장의 저평가 여부 등에 따라 주식 등 투자자산의 비중을 전략적 자산배분의 기준에서 설정한 비중보다 더 많이 늘릴 것인가 또는 줄일 것인가를 판단하는 과정을 거치는 것이다.

전술적 자산배분전략의 기준에는 여러 가지가 있을 수 있겠지만 가장 중요한 것은 경제 동향과 주식시장의 전체적인 가치 평가 수준 등이 될 것이다. 첫번째로 경기 동향을 판단하는 것이 중요하다. 통상 경기는 네 가지 국면으로 나누어진다. 경기 회복기-경기 호황기-경기 후퇴기-경기 침체기 등이다. 경기 회복기에는 경기 침체 이후 저금리 상황에서 점차 투자 및 소비 수요가 증가하고 이에 따라 금리와 주가가 동반 상승하므로 주식투자의 비중을 늘릴 시기라고 할 수 있다. 경기 호황기에는 기업의 투자가 증가하고 물가도 상승하며 이러한 시기에는 상품가격이나 부동산 가격, 주가도 동반 상승하면서 피크를 형성하게 된다. 이후 경기 후퇴기에 들어서면 경제 상황이 위축되면서 주가 하락이 시작되며 불확실성에 따른 금리 상승이 나타나는 경향이 있다. 이러한 국면에서 주식관련 자산을 점차 줄이고 채권 투자의 비중을 늘리는 것이 바람직하다. 경기 침체기에 들어서면 투자가 감소하고 자금수요도 위축되게 된다. 금융 완화정책으로 금리가 하락하고 유동성이 증가한다. 이 시기가 지나면 다시 경기가 회복국면으로 진입하는 경기 순환을 반복하게 되는 것이 일반적이다.

물론 경기 국면마다 나타나는 현상들이 다소 차이가 날 수 있으며, 글로벌한 경제 여건 등에 따라 패턴도 다양하게 발생하는 것이 현실이다. 하지만 큰 틀에서 이러한 경기 흐름에 따라 주식시장에서는 다음과 같은 네 가지 국면이 반복되는 경향이 있다. 실적 장세(경기 호황기, 주가 상승)-역금융 장세(경기 후퇴기, 고금리, 주가 하락)-역실적 장세(경기 침체기, 주가 하락)-금융 장세(경기 회복기, 저금리, 주가 상승) 등 경기국면에 따라 주식시장 장세의 성격을 분석해 보는 것도 의미가 있다.

또한 이러한 경기 순환과 함께 주식시장의 상승과 하락국면이 역사적으로 반복되어 왔다는 점에서 주식시장의 강한 상승국면에서 과도하게 낙관을 하거나, 주식시장의 침체국면에서 과도한 투자심리 위축을 경계할 필요가 있다. 경제에 있어 금리, 물가, 환율 등은 상호 작용을 하면서 주식시장에 반영되게 마련이다. 이에 대하여 각국의 중앙은행과 정부는 이러한 변수들의 과도한 하락이나 상승에 따른 부작용들을 완화시키기 위해 적절하게 대응해 왔으며 향후에도 그럴 것으로 기대된다. 이는 2020년 코로나 팬데믹 이후 주식시장의 강한 상승 장세와 2022년에 진행된 급격한 하락장에도 접목해 볼 수 있을 것이다. 이러한 과정들을 고려한다면 경기가 호황기에 접어들어 주식시장이 고평가 영역에 진입하면 주식비중을 점차 축소하고, 경기 침체국면에서 주식시장이 충분히 조정을 보인 경우 주식비중을 늘려나가는 역발상의 투자전략을 고려할 필요가 있다.

그렇다면 이와 같은 경제 상황이나 경기 흐름, 주식시장의 가치평가 등에 대한 판단 기준을 어떻게 잡을 것인가가 중요할 것이다. 한국은행을 비롯한 주요 기관의 경제 전망, 증권사 리서치센터의 분석 자료, 경제신문 등을 살펴보는 것도 방법이겠지만,

나의 판단 기준을 세운다는 관점에서 통계청이 매월 발표하는 자료 중 경기선행종합지수를 우선적으로 살펴볼 필요가 있다.

경기선행종합지수는 미래의 경기 동향을 예측하는 지표로써 구인구직비율, 건설수주액, 재고순환지표, 코스피지수, 장단기금리차, 수출입물가비율, 경제심리지수, 기계류 내수출하지수 등과 같이 앞으로 일어날 경제 흐름을 예측할 수 있는 지표들의 움직임을 종합하여 작성하는 지표이다. 이러한 경기선행지수는 KOSPI지수와 상관관계가 높을 뿐만 아니라 한국의 경기 방향성을 가장 잘 예측하게 하는 지표로 평가되고 있다. 따라서 [그림 3-2]에서 나타나는 바와 같이 경기선행지수 순환변동치(경기선행지수에서 추세요인을 제거하여 산출)를 통해 현재의 경기 흐름이 어떠한지에 따라 주식 비중을 조절하는 기준으로 삼을 수 있을 것이다. 최소한 경기가 고점을 형성하는 시기에는 주식 비중의 축소를 고려할 필요가 있으며, 경기가 저점을 형성하는 시기를 잘 관찰하여 주식관련 자산의 투자 비중을 확대하는 전략이 바람직하다고 할 수 있다.

그림 3-2 경기선행지수 순환변동치와 KOSPI지수

자료: 통계청

경기선행지수의 흐름으로 경기를 판단해 보는 것이 기본이지만, 한달에 한번 여러 지표를 집계하여 발표되는 시차를 고려할 때 조금 더 시의성이 있는 지표로 장단기 금리차에 관심을 가질 필요가 있다. 장단기 금리차는 경기선행지수의 구성 항목이기도 하지만 일반적으로 경기선행지수 순환변동치에 대해서도 선행성을 보이는 것으로 평가되고 있기 때문이다. 장단기 금리차는 국고채10년물과 국고채1~2년물의 차이를 비교하는 것이 일반적이다.

그림 3-3 장단기 금리차와 경기선행지수 순환변동치

자료: 통계청, 한국은행
주: 금리차는 국고채10년과 1년의 차이

통상 장기 금리에는 경제 전망과 미래 불확실성에 대한 보상 심리 등이 반영되는 성격이 있고, 단기 금리는 물가 동향과 정부 정책 등에 따른 기준금리에 직접적으로 영향을 받는 경향이 있다. 예를 들어, 국내외 경기둔화 우려 등에 따라 장기 금리가 하락하고, 기준금리 인상 등에 따라 단기 금리가 상승하는 현상이 발생하면, 장단기 금리가 축소 내지 역전되는 현상이 나타나고 이는 경기선행지수 순환변동치의 하락을 예고한다고 볼 수 있다. 반대의 경우는 경기의 회복 시그널이 될 수 있다. 중요한 점은 매일 실시간으로 확인할 수 있는 장단기 금리차를 가지고 경기선행지수와 더불어 주식시장의 방향성을 미리 예측해 볼 수 있다는 점에서 의미가 크다고 할 수 있다.

두 번째, 자산배분전략의 수립에 있어서 중요한 것이 주식시장의 고평가 또는 저평가 정도이다. 먼저 개별주식의 가치평가에서도 많이 쓰이는 PER(주가 수익비율), PBR(주가 자산비율)을 시장 전체로 종합하여 주식시장의 고평가 또는 저평가 여부 등을 판단할 수 있다. PER은 주가(P)를 주당순이익(EPS)으로 나누어 산정한다. [그림 3-4]와 같이 시장 전체의 PER수준을 평가함으로써 이를 가지고 내 포트폴리오의 주식투자 비중을 늘릴지, 줄일지를 가늠하는 투자 판단의 기준을 잡을 수 있을 것이다. PBR(주가 자산비율)의 경우 주가를 순자산(자본금, 자본잉여금, 이익잉여금의 합계)의 가치로 나누어서 구한다. 이를 통해 기업들의 보유자산 대비 주가의 수준을 판단해 볼 수 있는 지표로 활용할 수 있다. 이러한 지표들은 각 증권사의 리서치센터 전망 자료 등을 참고할 수도 있으며, KOSPI지수 등 시장의 흐름을 보더라도 지수가 과열권인지 주가가 조정을 보여 가격 메리트가 커졌는지 등의 판단이 가능하다.

그림 3-4 한국 주식시장 PER과 KOSPI지수

자료: Bloomberg (MSCI KOREA, 12M Forward PER기준), 하나증권

　　다음으로 버핏지수로 장기적인 시장의 밸류에이션을 판단해
볼 수 있다. 버핏지수는 주식시장의 시가총액을 국내총생산인
GDP로 나누어 산출한 비율이다. 일반적으로 경제는 장기적으로
성장하며 이때 기업들도 실적이 증가하며 주식의 가치가 오르기
마련이다. 이 과정에서 주식시장은 전쟁과 신용 리스크 등 각종
이벤트에 민감하게 반응하며 중기 및 단기적인 주가 흐름이 형성
되는 경향이 있다. 이에 장기적인 경제의 성장 수준과 상장 기업
들의 가치를 합산한 시가총액을 비교함으로써 주식시장의 고평
가 및 저평가 여부를 판단할 수 있는 것이다. 워런 버핏이 이 지
수를 높게 평가하면서 버핏지수로 알려지고 있다. 버핏지수는 통
상 80% 이하이면 저평가된 상황으로 보고, 100% 이상이면 고평

가되었다고 평가하는 것이 일반적이다.

그림 3-5 버핏지수와 시가총액, 한국 GDP 비교

자료: KRX, 한국은행
주: 시가총액은 거래소와 코스닥시장 합계, 2023년 GDP는 예상치

　버핏지수와 유사하게 활용할 수 있는 것이 경기종합지수의 수준과 종합주가지수의 흐름을 비교하는 방법이다. 경기동행종합지수는 매월 발표된다는 점에서 버핏지수보다 빠른 평가가 가능하다는 장점이 있다. [그림 3-6]에서 나타낸 것은 한국의 경기동행종합지수와 KOSPI지수이다. 한국의 경제가 장기적으로 성장을 보이면서 종합주가지수의 수준이 레벨업되어 왔다. 경제 규모와 주식시장이 장기적인 상승추세를 보인 것은 우리나라뿐만 아니라 세계 주요 국가에서도 대부분 비슷한 현상으로 나타났다.

그림 3-6 1980년 이후 한국 경기종합지수와 KOSPI

자료: 한국은행, KRX

　　[그림 3-6]에 나타나는 바와 같이 주식시장은 경기 수준에 비하여 오버슈팅(과도한 상승)하는 경우 조정국면을 거쳤으며, 이후 재차 경제성장을 반영하면서 장기 상승추세를 보여왔던 것으로 볼 수 있다. 이는 결국 주가가 경기와 기업실적에 평균적으로 회귀한다(Mean Reversion)는 것을 보여주는 것이다. 이에 대해 유럽의 워런 버핏으로 불리는 앙드레 코스톨라니는 경제와 주식시장의 관계를 "주인과 개의 나들이"라고 표현하기도 하였다. 주인이 개를 데리고 산책하는 모습을 연상해 보면 될 것이다. 여기서 주인은 경제이고, 주식시장이 개와 같은 흐름을 보인다는 것이다. 즉, 주식시장이 경제 여건보다 과도하게 앞서가며 상승하였다면 다시 경제 펀더멘털에 근접하게 복귀하고, 주식시장이 과도하게 조

정을 보였다면 다시 상승한다는 논리이기도 하다. 이러한 기초하에 주식시장의 고평가 또는 저평가 여부를 판단하여 위험자산에 대한 비중을 조절하는 것은 유의미한 자산배분전략이 될 것이다.

세 번째, 전술적 자산배분전략에 있어 장기적인 수급주체인 외국인의 매매 동향을 참고해 볼 필요가 있다. 주식시장에서 수급의 주체는 외국인, 기관, 개인으로 분류된다. 여기서 외국인을 단일화할 수는 없겠지만, 해외투자자인 외국인은 글로벌한 시각에서 주식자산을 배분하며, 해외에서 바라보는 한국시장에 대한 평가를 매매동향을 통해 실시간으로 확인할 수 있다는 점에서 시장흐름을 파악하는 데 유용한 정보가 될 수 있다. [그림 3-7]에서 외국인 누적 순매수 동향을 보면 외국인의 매매동향이 국내 주식시장과 전반적으로 같은 방향성을 보여왔음을 알 수 있다. 특히 2006년~2007년, 2020년~2021년 주식시장의 상승과정에서 외국인의 대규모 매도가 있었으며 이후 주식시장이 급락한 바 있다. 이처럼 외국인의 매매동향은 주식시장의 장단기 방향성을 예측하는 데 있어서 도움이 될 수 있을 것이다.

그림 3-7 외국인 누적 순매수와 KOSPI

자료: 한국은행, KRX

지금까지 살펴본 자산배분전략과 관련한 다양한 지표들을 종합하여 전술적 자산배분의 비중을 결정할 때 장기적으로 우수한 투자 성과를 달성할 가능성이 높아진다고 할 수 있다. 예를 들어, 주식시장이 고평가 영역에 들어 있는데, 경기가 꺾이는 징후가 나타난다면 주식 비중을 줄여나가는 것이 바람직하다. 이와 반대로 주가가 큰 폭의 조정을 보인 상황에서 경기의 회복 시그널이 나타날 때 주식 비중을 늘려나가는 큰 그림을 그려야 주식 등 투자자산을 통해 투자 수익률을 향상시킬 가능성이 높아진다고 하겠다. 이러한 주식 비중의 조절을 정확하게 한다는 것은 사실상 불가능하다. 하지만 적어도 주식시장의 과열국면에서 지나치게 많은 주식 비중을 가져가거나 주식시장의 급격한 조정기에 투자

심리가 위축되어 오히려 주식 비중을 줄이는 우를 방지할 수 있을 것이다.

이와 함께 전략적 자산배분전략의 비중을 활용하는 리밸런싱 전략에 대하여 알아보도록 하겠다. 앞서 살펴본 바와 같이 시장 상황에 따라 포트폴리오의 비중을 조정해 나가는 것을 동적 자산배분전략이라고 한다. 이러한 동적 자산배분전략의 단점은 시장동향 등에 대한 판단이 들어간다는 점에서 개인투자자들이 다소 어려움을 겪을 수 있다. 이에 따른 대안이 될 수 있는 것이 정적 자산배분전략이다. 정적 자산배분전략은 전략적 자산배분 기준에 따라 적절한 포트폴리오 비중을 결정하되, 일정한 기간이 경과한 이후 각 자산의 비중이 변화하면 다시 원래의 전략적 자산배분 비중으로 맞추어 리밸런싱하는 전략이다. 예를 들어, 주식 50%, 채권과 예금 50%의 비중을 향후 5년 동안 유지해 나가겠다고 전략적으로 결정하였다고 하자. 그리고 1년 후 주식시장이 큰 폭으로 하락하여 내 자산에서 주식 자산의 비중이 줄어들었다면 주식의 투자 규모를 늘리는 것이다. 반대로 주식시장이 큰 폭으로 상승하여 나의 기준보다 주식 자산의 비중이 커졌다면 비중을 줄이는 전략이다.

이러한 정적 자산배분전략을 포트폴리오 관리 전략에서는 포뮬러 플랜(formula plan) 이라고도 한다. 포뮬러 플랜은 시장 예측이 어렵다는 전제하에 나에게 맞는 포트폴리오의 투자 비중을 미리 설정하고 시장 동향에 따라 포트폴리오의 비중이 바뀔 때 일정한 기간을 정하여 기계적으로 최초의 투자 비중으로 맞추어 나가는 투자 방법이다. 다만 이러한 전략은 주식 등의 투자자산이 장기간 추세를 가지고 움직일 때는 기대수익률을 저하시킬 수 있다. 따라서 포뮬러 플랜은 주식시장 등 자산가격이 일정한 범위내에서 등락을 보일 때 더 유용한 전략이 될 수 있다.

| 부자의 마인드로 투자하자

투자자의 개인별 재무 상태, 투자 경험 등은 다를 수밖에 없으며, 이에 따라 개인별로 투자자산을 관리하는 스타일이나 투자의 패턴도 다양하다. 특히 주식 투자의 경우는 초기에 투자를 시작한 동기와 여유자금 규모, 목표수익률 등에 따라 각자의 투자 스타일이 정립되어 가는 경향이 있다. 여기서 얘기하고자 하는 부분은 심심풀이로 생각하는 소규모 투자가 아니고, 투자를 통해 수익을 내고 투자 규모도 키워 나갈 계획이라면 초기부터 자신의 투자 원칙을 명확히 설정하고 투자를 신중하게 해 나가야 한다는 것이다.

더 나아가 부자의 기준이 각자마다 다를 수 있지만, 이미 부자가 된 사람처럼 계획하고 투자하자는 것이다. 다시 말해, 현재 투자금액이 적더라도 자산이 커졌을 때와 같은 자세로 계획에 따라 투자하는 습관을 길러야 한다는 것이다. 실제 직장을 다닌다면 향후 월급이 점점 늘어날 것이며, 사업을 한다면 잉여 자금이 쌓이는 등 수입의 규모가 시간이 지날수록 증가하게 될 것이다. 이에 따라 여유 자금의 규모가 커지면서 투자 금액도 증가할 가능성이 높다. 그런데 초기부터 투자 습관을 제대로 정립하지 않는다면 투자 규모가 커졌을 때 낭패를 볼 가능성이 크다는 점을 인식할 필요가 있는 것이다.

우리는 로또 등으로 큰돈을 갑자기 번 사람들의 실패 사례를 종종 접할 수가 있다. 이는 로또로 큰돈이 갑자기 생겼을 때 이를 제대로 관리하지 못하였거나 더 큰 욕심을 내다가 오히려 잘못된 판단을 하는 사례일 것이다. 비유가 다소 과장될 수 있으나 이러한 사례는 "돈에 대한 그릇을 키워야 한다"라는 말과 연관지어 생각해 볼 필요가 있다. 투자의 관점에서 생각해 보면 적은 돈부터 관리하는 습관을 잘 들여야 나중에 큰돈도 잘 관리할 수 있다고 하겠다. 주식 투자에서의 사례를 보면, 적은 돈으로 특정 종목에 전액 투자하여 수익이 나면 그것이 나의 재능이라 생각하고 충분한 훈련의 시간도 없이 몇 배의 큰 자금을 투자하다가 낭패를 보는 경우를 비교해 볼 수 있을 것이다.

그러므로 적은 돈으로 시작할 때부터 큰돈을 운용하는 것처럼 훈련해야 한다는 것이다. 부자들은 자금 여력이 충분하므로 굳이 무리한 투자를 하지 않으며, 변동성이 큰 자산에 대한 투자를 할 필요가 없는 경우도 많다. 따라서 부자 또는 자산가들은 자산배분과 포트폴리오를 중요시한다. 금융자산에 있어서도 안정성과 수익성을 고려한 분산투자를 하면서도 중위험·중수익 정도의 리스크와 리턴(수익률)을 기대할 수 있는 상품군을 선호하는 경향이 있다. 또한 금융소득 종합과세(이자와 배당소득이 연간 2,000만원 이상이면 다른 소득과 합산하여 과세되므로 세율이 높아짐)의 대상이 되는 경우가 많아 절세가 되는 상품이나 전략이 있다면 우선적인 고려의 대상이 되기도 한다. 일부 부자들은 대부분의 자금은 안정한 자산에 넣어 두면서도 일정 규모의 자산은 공격적인 투자를 하는 바벨형의 포트폴리오 전략을 선택하기도 한다.

이처럼 부자들의 투자 형태가 다양할 뿐만 아니라 부자들도 투자에서 실패한 사례가 다소 있지만, 어느 정도 공통점을 보이는 부분들이 발견된다. 이에 여기서는 투자와 관련하여 성공한 부자들의 사례와 투자 마인드 중 인상 깊게 보았거나 들었던 교훈들을 몇가지 정리해 보았다.

첫째, 투자 판단에 있어 객관성을 높이며 계획적으로 행동한다. 여기서 객관성이란 감성적인 판단보다는 논리적인 근거를 바탕으로 판단하고 분명한 목적을 가지고 계획적으로 투자 의사를 결정하는 것을 의미한다. 미국의 사회심리 조사업체인 트루이티(Truity)는 2019년 MBTI(Myers-Briggs Type Indicator, 자기보고식 성격유형지표)의 성격 유형에 따른 개인들의 평균 소득을 조사하여 발표한

바 있다. MBTI는 개인들이 선호하는 취향에 따라 성격 유형을
분류하는데 많이 활용되고 있다.

흥미로운 사실은 트루이티의 분석 자료에 따르면 평균 연봉
에 있어 MBTI 성격 유형 중 ENTJ(지도자형)와 ESTJ(경영자형) 유
형의 사람들이 각각 1, 2위를 기록하였다는 점이다. 이들이 공통
적으로 가지는 E, T, J는 어떤 특성을 가질까. MBTI 유형 분류
에서 통상 E(Extraversion)는 외향형(사교성, 폭 넓은 대인관계를 중시하는
유형), T(Thinking)는 사고형(사실에 집중하고 논리적 분석을 중시하는 유형),
J(Judging)는 판단형(체계적이고, 계획적인 일처리 유형) 등의 특성을 가지
는 것으로 분류된다. 따라서 이와 유사한 성격의 소유자들이 부자
가 될 가능성이 높다고 할 수 있다. 물론 MBTI가 절대적일 수 없
으며 이와 다른 사례들이 많이 있을 수 있으나 적어도 이러한 유
형의 사람들이 투자를 판단할 때 객관적인 분석을 통하여 계획적
인 투자를 할 가능성이 높다는 것은 많은 이들이 공감할 것이다.

여기서 한 가지 생각해야 할 부분은 어떻게 객관적인 투자판
단을 해 나갈 것인가이다. 그렇다고 부자들이 모두 경제나 주식
시장, 기업 현황 등에 대하여 해박한 지식을 가지고 세세한 분석
을 직접 하는 것은 아닐 것이다. 그러기에 부자들은 투자 판단에
근거가 될 수 있는 투자 자문을 받는 경우가 대부분이다. 예를 들
어, 해당 투자 분야의 전문가, 증권회사나 은행의 PB 등을 통하여
투자 판단에 대한 조언들을 수시로 제공받는 경우가 많다. 또한

PB들의 조언도 여러 금융기관간에 크로스 체크를 통해 검증해 보기도 한다. 이러한 관점에서 개인 투자자들도 전문적이지 않은 지인들의 개인적인 투자 의견에 따라가기보다는 금융기관 전문가들의 상담을 거치거나 리포트 분석 등을 통하여 보다 객관적인 투자 판단에 근거한 투자를 진행해 나갈 필요가 있다.

둘째, 위기가 기회가 될 수 있는 때를 기다려 투자한다. 부자들은 일정 정도 자산이 축적되어 있으므로 평소 무리한 투자를 하지 않으려는 경향이 있다. 하지만 기회가 온다면 과감한 투자를 진행하기도 한다. 즉 위기라는 말은 위험과 기회를 동반하는 것이며 여기서 기회요인을 찾아내는 능력을 가질 필요가 있다. 한국증시에서 2008년 금융위기나 코로나 위기 등과 같은 과거 몇 차례의 위기 사례가 있었으며, 이런 때가 투자의 기회였다는 경험을 살리는 투자를 할 수 있어야 한다.

주식시장과 채권시장, 외환시장 등 자산시장은 국내외의 경제 여건 등과 맞물려 등락을 거듭하기 마련이다. 이러한 등락 과정의 단기적인 흐름에 일희일비하기보다 장기적인 관점에서 바라보고, 높은 수익을 줄 수 있는 때를 기다려 투자하는 전략을 수립할 필요가 있다고 하겠다. 즉 자산시장은 5~10년에 한번씩 다양한 이슈로 가격이 급락하는 위기의 상황이 발생하는 경우가 많으며, 이때 특정 자산 가격이 큰 폭으로 하락하고 이에 대한 암울한 뉴스들이 시장에 팽배해 있을 때 역발상의 투자를 할 수 있는 준비와 자세가 필요하다고 하겠다.

예를 들어, "공포에 매수하라"는 말이 있다. 세계적으로 통용되는 공포지수로 가장 많이 사용되는 것이 미국 시카고옵션거래소의 VIX(Volatility Index, 변동성 지수)이다. 이 지수는 시카고옵션거래소에 상장된 S&P 500 지수옵션의 향후 30일간의 변동성에 대한 시장의 기대를 나타내는 지수이다. 이에 따라 VIX지수는 주식시장과 반대로 움직이는 특징이 있다. VIX변동성지수가 큰 폭으로 상승한다는 것은 주식시장이 급락하면서 투자심리가 크게 위축되었다는 것을 의미하며, 변동성지수가 하락한다는 것은 주식시장이 안정화되면서 투자심리가 살아나고 있다는 의미로 해석되고 있다. 이에 따라 [그림 3-8]에서 나타나는 바와 같이 VIX변동성지수가 크게 상승했을 때, 즉 투자심리가 불안하여 대중이 공포감을 느낄 때 주식시장은 저점을 형성하여 왔다는 점에서 이를 활용한 역발상의 투자가 가능하다고 할 수 있다.

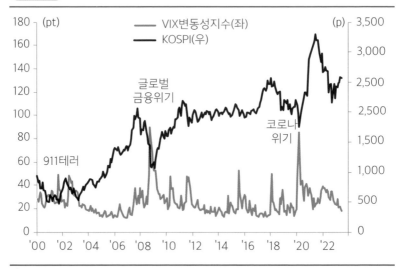

그림 3-8 KOSPI지수와 VIX변동성지수

자료: KRX, Bloomberg
주: VIX변동성지수는 월중 고가 기준

셋째, 부자들은 투자에 있어 리스크 요인을 먼저 판단하고 관리한다. 로버트 기요사키는 [부자 아빠 가난한 아빠]에서 가난한 아빠는 위험을 피하려고 하지만 부자아빠는 무엇보다 위험을 관리하는 법을 배워야 한다고 언급한 바 있다. 안전자산이라 할 수 있는 예금을 제외하면 사실상 대부분의 자산이 투자자산이다. 수익률의 변동성이 있는 투자자산의 기대수익률이 높다면 그만큼 위험도 크다고 할 수 있다. 따라서 금융 자산을 관리함에 있어 내가 가지고 있는 포트폴리오에서 위험자산 또는 투자자산의 비중을 적절히 관리할 필요가 있음을 인식하여야 한다. 예를 들어, 예금이나 채권을 보유함으로써 이자 소득이 정해져 있다면 그 이자만큼은 공격적인 투자가 가능할 것이다. 이러한 투자를 진행할 경우 변동성이 큰 자산을 편입하더라도 전체 자산의 원금에서 손실을 볼 가능성은 최소화된다. 다른 예로 변동성이 조금 있더라도 기대수익률이 높은 중위험·중수익 상품들로 포트폴리오를 구성할 경우 한쪽 상품에서 손실이 나더라도 다른 상품이 이를 커버해 주는 상품들을 편입함으로써 리스크를 관리할 수 있다. 이처럼 부자들은 자신의 자산을 투자함에 있어 감내할 수 있는 리스크의 범위를 미리 판단하는 경향이 있다.

넷째, 긍정적인 마인드로 투자에 접근해야 한다. 긍정 마인드의 중요성은 다양한 분야에 적용된다. 사업을 진행함에 있어 긍정적인 사고가 창의적인 성과를 도출하는 사례를 자주 볼 수 있을 것이다. 긍정의 마인드는 실패를 두려워하지 않는다는 말과도 연결된다. 실패를 하나의 과정으로 생각할 때 이는 경험이 될 수 있다. 문제는 실패했을 때 포기하는 것이다. 포기하지 않고 다시 도전했을 때 성공이 따라오는 것이다. 대체로 사업을 통해 자수성가한 부자들은 초기 사업에서 실패한 경험들이 있고, 투자시장에서 성공한 자산가들도 초기의 투자에서 큰 손실을 경험한 경우가 많다. 이를 극복하면서 성공할 수 있었던 것은 실패를 두려워하지 않고 이에 따른 경험을 바탕으로 한 단계 성장함으로써 가능했다고 생각한다.

여기서 말하는 긍정의 마인드는 준비 없이 투자를 해 놓고 막연히 잘될 거야 하는 희망을 가지라는 의미는 아니다. 투자를 진행함에 있어 철저한 분석을 전제로 하되 감내 가능한 수준에서 투자 규모와 리스크를 관리하여야 한다. 그리고 잘못된 투자가 확인되었을 때에는 이를 인정하고 새로운 대안을 찾아가는 과정도 긍정의 마인드가 있을 때 가능한 것이다

다섯째, 돈이 돈을 벌게 하는 다양한 방법을 활용한다. 로버트 기요사키는 [부자 아빠 가난한 아빠]에서 가난한 사람들과 중산층은 돈을 위해 일하지만 부자들은 돈이 자신을 위해 일하게 만든다고 강조한 바 있다. 이에 대한 다양한 해석이 가능하지만 투자자산을 관리함에 있어서 많은 시사점을 가지고 있다. 예를 들어, 주식투자를 바라보는 시각도 단기 시세 차익을 위한 것이 아니라 내가 투자한 회사가 잘 운용되어서 높은 배당과 자본이득을 얻고자 하는 수단으로 볼 필요가 있다. 또한 금융투자 상품을 통하여 돈이 돈을 벌 수 있는 다양한 투자 수단을 찾을 수 있을 것이다.

이와 함께 금융회사의 전문가를 활용하는 것도 돈이 돈을 벌게 하는 일환이 될 수 있다. 개인이 투자자산에 대한 다양한 정보를 파악하는 데에는 한계가 있다. 따라서 금융기관 전문가의 도움을 활용할 필요가 있으며, 펀드와 같은 간접투자 수단을 활용하는 것도 한 가지 방법이 될 것이다. 이에 따르는 비용에 대하여 일부 아까워하는 경우를 볼 수 있으나 저렴한 수수료만을 찾는 것은 더

큰 비용을 치를 수도 있음을 고려해 보아야 할 것이다.

지금까지 살펴본 부자들의 마인드를 참고하되 단기간에 부자가 되려는 의욕보다는 내가 추구하는 부자가 되는 큰 그림을 그려야 한다고 생각한다. 자수성가형 부자들을 살펴보면, 대체로 초기에 실패를 맛보고 좌절의 기간을 거쳐 재도약한 경우가 많다. 즉, 시행착오는 어떤 분야에서건 따르기 마련이다. 이에 비해 처음부터 어떤 일이 너무 잘되면 교만함이 생기면서 나중에 큰 대가를 치르기도 한다. 또한 충분한 준비가 되어 있지 않은 상태에서 초기부터 무리한 투자를 진행하는 경우 오히려 부자의 길에서 멀어질 수도 있다. 부자가 되는 법칙이라 할 수 있는 복리효과도 초기에는 그리 큰 차이를 느끼지 못할 수 있으나, 일정 정도 시간이 지나가면서 수익률이 축적되었을 때 그 진가가 나타나기 마련이다. 따라서 장기적인 플랜으로 투자 경험을 쌓고, 실패 시에도 이를 교훈 삼아 같은 실수를 반복하지 않는다면 투자를 통하여 부를 쌓는 시간을 앞당길 수 있을 것이다.

본업이 잘 돼야 투자도 잘된다

투자자산을 관리함에 있어서 본업을 우선시해야 투자에서 성공의 가능성이 커진다고 할 수 있다. 한마디로 본업이 잘 돼야 투자도 잘된다는 점을 강조하고 싶다. 생애 재무설계이든 투자자산 관리이든 가장 중요한 부분이 현금흐름을 창출할 수 있는 본업이라고 할 수 있다. 투자를 하려면 결국 시드머니가 필요하기 때문이다. 부자인 부모님에게 많은 자산을 증여 내지 상속을 받거나 로또에 당첨된 경우 등을 제외하면 사실상 투자의 재원을 만드는 것은 본인의 몫이다. 여기서 본업이란 직장이 될 수도 있고 각종 사업이 될 수도 있고, 아르바이트를 통해 현금흐름을 창출하는 것 등도 본업이 될 수 있을 것이다.

무엇보다 중요한 것은 인생에 있어 자신이 좋아하는 의미 있는 직업이나 사업 등의 일을 찾는 것일 것이다. 자신이 좋아하는 일을 계속적으로 도전하고 그 분야에서 탁월한 성과를 내고 이에 따라 높은 급여 소득 또는 사업 소득을 얻는 것은 인생에 있어서 큰 행복이 될 것이다. 그렇게 되면 부와 명예도 같이 따라오기 마련이다. 그러므로 본업에서의 성공을 위해 자기 계발에 더 많은 시간을 투자하고, 본업에서의 성공을 추구하는 것이 우선시되어야 한다고 생각한다. 본인이 주도하여 새로운 사업에 도전하는 경우라면 더더욱 그 사업에 집중하여야 한다. 사실상 본인의 사업이 잘되고 있다면 다른 회사의 주식에 투자할 필요가 없을 수도 있다. 오히려 본인의 주 사업에 투자하는 것이 더 많은 수익을 줄 수 있기 때문이다. 그만큼 본업에 더욱 집중할 필요가 있다는 의미이다.

현실적으로 전업투자자를 제외하면 본업을 하면서 주식 투자 또는 자산관리를 병행하여 진행하는 것이 일반적이다. 이때 주식 투자 등 투자자산 관리를 하는데 시간을 얼마나 어떻게 쓸 것인가에 대한 판단도 필요하다. 직장에서의 하루 일과가 정해져 있다면 우선 본업에 충실하고 이후 투자 공부를 하는 시간은 별도로 만들어야 할 것이다. 본업을 수행하는 데 영향을 줄 정도의 과도한 투자는 바람직하지 않을 뿐만 아니라 시시각각 변화하는 시세에 연연한다는 것은 투자 원칙이 제대로 정돈되어 있지 않을 가능성이 높기 때문이다. 만약 이런 상황에 대한 극복이 어렵다면 주식형펀드 등을 통한 간접투자에 대한 비중을 늘릴 필요가 있다.

또한 본업에서 발생하는 현금흐름이 개인마다 차이가 있겠지만 지속적인 현금흐름의 가치는 매우 크다는 사실을 인식할 필요가 있다. 특히 저성장, 저금리시대에 월급과 같은 고정적인 수입은 더 높은 가치로 평가받아야 할 것이다. [표 3-4]에서는 예금금리 수준에 따라 이자를 받아 생활하는 경우에 필요한 예치 자금의 크기를 계산해 보았다. 예를 들어, 211만원의 월급을 받는 것은 10억원을 은행에 맡겨 놓고 연 3.0%의 이자를 찾아 쓰는 것과 같다. 만약 예금금리가 2% 수준으로 떨어진다면 월급 423만원의 가치는 은행에 30억원을 맡기고 받는 월이자와 같다고 할 수 있다. 여기에 금융소득 종합과세에 따른 세율 상승까지 고려하면 월급의 가치는 상대적으로 더 올라간다고 할 수 있다. 아르바이트를 통해 매월 141만원을 버는 경우도 2%의 금리라면 은행에 10억원을 예치한 것과 같은 현금흐름을 만들고 있는 것이다.

표 3-4   예금금리와 세후 월이자 지급 계산 예시

정기예금 금액	50억원	30억원	10억원	50억원	30억원	10억원
예금 금리	2%	2%	2%	3%	3%	3%
연이자 (세후)	84,600,000	50,760,000	16,920,000	126,900,000	74,140,000	25,380,000
월이자 (세후)	7,050,000	4,230,000	1,410,000	10,575,000	6,345,000	2,115,000

주: 이자소득세율 15.4% 가정(금융소득 종합과세 적용 시 월이자 축소)

투자를 진행함에 있어서도 월급여와 같은 현금흐름이 지속적으로 발생하게 되면, 투자자산의 가격이 떨어지든 올라가든 투자를 계속하게 하는 투자재원이 될 수 있다. 이는 주식투자 등으로 손실이 발생하더라도 추가적인 현금흐름이 있기 때문에 손실을 감내할 수 있는 여력이 생기는 것이다. 장기적으로 본다면 직장에서의 근속 연수가 증가하고 승진이 될 경우 급여 수준이 올

라가고 투자 가능한 잉여자금 규모도 커진다. 이에 따라 젊었을 때부터 초기에 적은 돈으로 투자하더라도 올바른 투자 습관을 길러갈 필요가 있으며, 투자하는 자산 규모가 커질 때에는 그에 맞는 적절한 기대수익률과 관리 방법 등에 대하여 공부할 필요가 있다.

또한 중요한 것은 직장생활 등 본업을 통하여 노후 대비의 기본틀이 만들어진다는 점이다. 즉 노후자금으로써 핵심인 3층 연금제도는 국민연금(공무원연금 등 포함), 퇴직연금, 연금저축 등이며, 이러한 3층 연금 자금이 직장을 다니면서 자연스럽게 적립될 수 있다는 점에 주목할 필요가 있다. 일반적으로 국민연금의 경우 직장을 다니는 사업장 가입자는 기준소득월액(급여)의 9%(개인부담 4.5%, 회사부담 4.5%)가 적립된다. 이에 비하여 직장이 없는 지역가입자의 경우 본인이 전액을 적립하여야 한다. 퇴직연금의 경우 매년 연봉의 1/12 수준(월평균 급여)이 적립된다.

연금저축의 경우 세액 공제 혜택을 받으면서 장기적으로 적립하고 연금으로 수령할 경우 저율로 과세된다. 일부 회사에서는 이러한 연금저축을 회사 복지차원에서 지원해 주는 경우도 있다. 이렇게 직장을 오래 다니면서 3층 연금제도의 기본틀만 잘 갖추어 놓아도 노후 대비 자금의 상당 부분을 커버할 수 있을 것이다.

한편 [그림 3-9]에서 보여지는 연도별 인구구조 변화는 여러 가지 의미로 해석될 수 있다. 한국의 과거 고도성장기에 핵심 세대였던 베이비부머들의 은퇴가 2020년을 전후하여 본격화되었고, 이제 사회 중심 세대층은 베이비부머의 자녀세대인 MZ세대로 바뀌어가고 있는 것이다. 여기서 주목되는 부분 중의 하나는 고령화와 저출산 등의 영향으로 인구구조가 역삼각형으로 바뀌어가고 있다는 점이다. 일반적인 회사들의 인력 구조도 이와 비슷한 역삼각형의 사례를 자주 찾아볼 수 있다.

그런데 이러한 중장년층의 은퇴가 본격화되었다는 점에서 디지털시대 전환에도 불구하고 향후 장기적으로 일할 수 있는 자리가 많아질 것으로 예상된다. 특히 사회 핵심세력으로 자리 잡아가고 있는 MZ세대의 경우 의지만 있다면 오래도록 일할 수 있는 기회가 많아질 것으로 보인다. 따라서 투자 재원의 원천일 뿐만 아니라 은퇴자금의 기본들을 만들어주는 등 여러 면에서 핵심이 될 수 있는 본업을 우선시하는 자세를 견지하면서 투자자산을 관리해 나갈 필요가 있다고 하겠다.

그림 3-9 연도별 인구구조 변화와 주력세대의 연령대

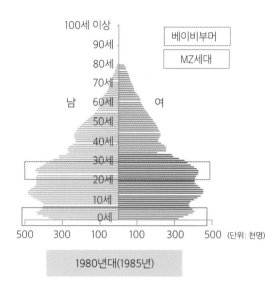

1980년대(1985년)

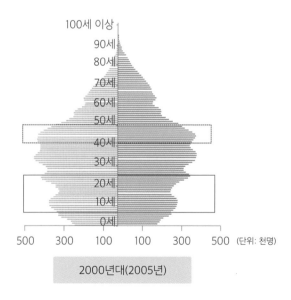

2000년대(2005년)

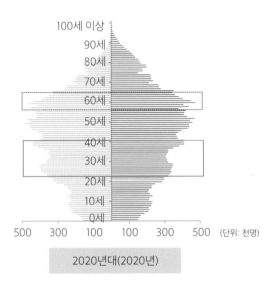

100세 이상
90세
80세
70세
60세
50세
40세
30세
20세
10세
0세

500 300 100 100 300 500 (단위: 천명)

2020년대(2020년)

자료: 통계청

마라톤을 하듯 투자 원칙들을 명확히 설정하고 실천하자

투자를 진행하고 투자 성과를 달성하는 과정은 마라톤과 비슷하다는 생각이 든다. 마라톤 대회를 상상해 보자. 아마추어 단축 마라톤 대회이든 국제올림픽 대회이든 결승점에서 선수들의 모습은 어떠한가. 대부분의 선수들이 두 손을 높이 들고 완주하였다는 자긍심을 표현한다. 선두권에서 들어오는 선수들뿐만 아니라 최하위권에서 결승점을 통과하는 선수들도 비슷한 모습들이다. 이는 정해진 코스에서 마라톤을 완주한다는 것이 개인적으로 어떠한 의미를 가지는지를 잘 보여주는 모습이라 할 수 있을 것이다.

이처럼 마라톤의 완주를 위해서 또는 보다 좋은 성적을 내기 위해서는 어떻게 해야 할까. 우선 본 경기에 앞서 체력 단련을 통해 신체적인 조건을 만들고, 처음에는 5km 완주, 다음에는 10km 완주 등 점차 달리기 실력을 향상시켜 나가야 한다. 또한 어떻게 레이스를 완주할지를 사전에 계획하여 실천해야 한다. 경기 중에는 본인의 체력보다 오버페이스를 하지 않으면서 적절한 속도를 관리해야 한다. 오버페이스를 하게 되면 체력 소진으로 완주를 못하게 될 가능성이 높아지기 때문이다. 따라서 다른 사람이 일시적으로 앞서간다고 하여 자신의 능력보다 오버페이스를 하기보다는 자신에게 적절한 페이스를 지켜나갈 필요가 있다.

이와 같은 마라톤의 교훈을 투자에 접목해 보자. 투자도 충분한 사전 준비와 계획에 따라 차근차근 진행할 필요가 있다. 또한 적은 돈으로 자신의 투자에 대한 능력치를 향상시킨 이후에 투자 규모를 점차 확대해 나가야 한다. 그렇지 않고 초기부터 본인이 감당할 수 있는 규모보다 과다한 금액을 투자하거나, 특히 레버지리와 신용 대출 등을 써서 변동성이 큰 주식시장에 선뜻 투자하는 것은 마치 마라톤에서 오버페이스를 하는 것과 같은 것이다. 또한 다른 사람이 어떻게 투자하여 큰 수익을 냈다는 것에 대하여 참고는 할 수 있으나 무조건 따라하는 것은 올바른 접근 방법이 될 수 없다. 이렇게 다른 사람이 정한 기준에 따라 투자를 한다면 계속 타인의 투자 판단에 의지하면서 자신의 노하우를 쌓을 수가 없게 된다. 또한 투자 결과에 대한 모든 책임은 본인에게 있음을 명심할 필요가 있다.

투자를 마라톤에 비교하는 또 다른 이유는 장기간에 걸쳐 투자하겠다는 마음가짐이 필요하기 때문이다. 주식 투자로 큰 수익을 낸 투자자들의 경우도 초기에는 큰 손실을 본 경험이 있다는 사례들을 많이 들어보았을 것이다. 이처럼 초기에 실패하였다고 좌절하거나 투자는 나하고 맞지 않는다고 떠날 준비를 한다면 다가올 수익의 기회를 또 한번 놓칠 수 있다. 또한 평균 수명은 계속 증가하고 있고 은행 금리로는 물가상승률을 좇아가기 어려울 수 있다는 점 등에서 투자는 이미 자산 관리에 있어서 중요한 부분이 되어 가고 있다.

따라서 어떤 투자를 하더라도 자신만의 투자 원칙들을 명확히 설정하고 실천하여야 한다. 투자를 통해 단기간에 부자가 되겠다는 막연한 기대 보다는 리스크를 관리하면서 안정적인 수익을 쌓아가는 투자 방법에 대하여 많은 생각을 해야 한다. 이것을 혼자 하기가 어렵다면 마라톤에서 페이스메이커와 함께 뛰듯이 자산관리전문가의 조언을 받는 방법을 생각해 볼 필요가 있다. 또한 시간이 지날수록 투자자산의 규모가 증가한다는 점을 고려하여

투자를 시작하는 초기부터 좋은 투자 습관을 만들어 나가는 것이
바람직하다고 하겠다.

4부

어떤 투자자산과 상품으로
투자할 것인가

2020년부터 주식시장으로 머니무브가 일어나면서 '투자' 하면 '주식투자'와 동일시하는 경향이 있으나 주식은 투자자산 중의 한 부분이다. 또한 주식을 투자함에 있어서도 어떠한 형태로 투자하느냐에 따라 직접 투자 이외에 펀드, 랩, ETF 등 주식과 관련한 다양한 투자 수단이 존재한다. 더불어 주식 관련 상품 이외에 부동산, ELS를 포함한 대안투자 상품 등 투자 대상이 다양하다는 점을 생각할 필요가 있다. 또한 자산을 관리하고 투자를 실행함에 있어 결국 어떤 자산을 얼마의 비중으로 선택할 것인가가 중요하다.

주식 직접 투자와 관련하여 많은 서적들이 발간되어 있으며, 유튜브 등 SNS를 통해서 정보가 쏟아지고 있다. 너무 많은 정보는 혼돈을 줄 수도 있기에 여기서는 주식 직접 투자의 본질적인 접근 방법에 대하여 중요한 부문만을 짚어보도록 하겠다. 그리고 주식을 간접적으로 투자할 수 있는 다양한 방안들을 소개하고, 선택의 폭을 넓힐 수 있는 다양한 투자 상품과 전략들을 소개하도록 하겠다. 이를 통해 투자자산을 관리함에 있어서 어떻게 하면 조금 더 투자 수익률의 안정성을 높이면서 장기적으로 투자에 성공할 수 있을 것인가에 대한 방안들을 소개하고자 한다.

1장

주식투자, 할 거면 제대로 해야 한다

2020년~2021년 개인 투자자들이 역사적인 규모의 주식 매수를 진행하였으며, 주린이라는 말이 유행어가 되었듯이 신규 투자자들이 대거 주식시장에 진입하였다. 당시의 저금리 상황과 위기가 기회였다는 학습효과, SNS를 통해 빠르게 전파된 주식투자 열풍 등이 주식투자를 하지 않으면 소외감을 느낄 정도로 주식투자가 많은 이들의 일상으로 파고 든 것도 사실이다. 또한 길어진 노후에 대한 대비와 부의 축적 기회 등의 관점에서 주식을 장기로 계속 투자할 것이라는 투자자들도 많이 늘어난 것으로 평가되고 있다.

하지만 이러한 니즈에 비하여 주식투자를 진행할 때 얼마나 많은 고민을 하고 개별 종목을 선택하였는지에 대하여 질문을 하면 대답이 그리 명쾌하지 않은 경우가 많다. 왜 그 종목을 샀는지, 기업의 사업 현황은 어떻게 흘러가고 있는지, 향후 어떤 기준으로 매도할 것인지, 현재 주가 수준에서 어떻게 대처할 계획인지 등에 대하여 좀 더 구체적으로 들어가면 대답이 궁색해지기도 한다.

계속적인 상승 추세를 보일 것만 같았던 주식시장이 2022년 가파른 조정을 보이면서 위와 같은 준비 없는 투자를 한 경우 실망감이 더 컸을 것으로 보인다. 현실적으로 주식시장의 저점과 고점을 정확히 예측하는 것은 불가능하다. 그래서 주식시장의 상승국면에서 얼마나 더 상승할지, 주식시장의 조정국면에서 얼마나 더 하락할지 예단하지 말라는 말이 있기도 하다. 이를 감안한다면, 주식시장으로의 진입은 쉬울 수 있으나 주식투자에 대한 자신만의 판단 기준 또는 투자 철학이 없다면 장기적으로 수익을 만들어 내기가 어려울 수 있다는 점을 인식할 필요가 있다. 따라서 주식 투자를 개인적으로 직접 진행한다면 좀 더 구체적인 사전 준비와 사후적인 관리가 필요하다고 할 수 있다.

주식 투자의 올바른 접근 마인드

투자의 대가인 벤자민 그레이엄은 "투자 행위란 철저한 분석에 근거하여 투자원금의 안정성과 적절한 수익을 추구하는 행위를 말하며, 이런 조건들이 충족되지 않은 행위는 투기다"라고 정의한 바 있다.

이 말을 주식 투자에 맞추어 풀어보면 나의 소중한 자산을 변동성이 큰 주식에 투자함에 있어 철저한 분석 과정을 거쳐야 한다는 것은 기본이자 의무일 수도 있다. 또한 큰 수익을 내려고 서두르지 말라는 의미도 내포되어 있다고 하겠다. 투자원금의 안정성이란 투자한 주식의 하방 리스크가 무엇인지 체크할 필요가 있다는 의미로 해석될 수 있다. 경제 환경과 해당 산업의 동향에 있어서 위험요인은 없는지, 가격이 고평가되어 있지는 않은지, 기업 이익의 지속성, 배당 수익률 등을 고려할 때 안전마진을 확보할 수 있는지 등을 체크할 필요가 있다.

적절한 수익을 추구한다는 것은 목표수익률의 개념으로 볼 수 있다. 투자한 종목의 목표가격을 얼마로 생각하고 있고, 증권사 애널리스트들은 목표 가격을 얼마 정도로 평가하고 있는지 등을 체크하는 것도 주식 투자에 있어 필요한 부분이다.

한편으로 보면 주식 투자는 나의 투자금액을 맡아 운용해줄 사업 파트너를 찾는 과정이라고 한다. 즉 주식을 살 때 우리는 그 회사의 주주이자 동반 사업가가 되는 것이다. 따라서 투자할 회사의 사업이 내가 좋아하는 사업인지, 내가 회사를 다닌다면 그 회사를 선택할 수 있을지 등을 생각해 보는 것도 투자 판단에 도움이 될 수 있다.

이와 함께 생각해야 할 것은 주식 투자에서의 성공이 그만큼 어렵다는 것을 인정하고 지속적인 공부와 투자 마인드에 대한 관리가 필요하다는 점이다. 실제 주식투자를 하다 보면 기본적으로 분산투자를 하거나 여러 개의 종목을 같이 관찰하게 된다. 이때 나타나는 현상들을 파레토의 법칙에 적용하여 보면 의미 있는 시사점들이 있다. 통상 파레토의 법칙은 어떤 현상의 80%가 20%의 원인에 의해 결정된다는 것이다. 이탈리아의 경제학자 빌프레도 파레토가 이탈리아에서 전체 토지면적의 80%를 20%의 국민이 가지고 있었으며, 완두콩 수확을 할 때 80%의 수확이 20%의 줄기에서 발생하였다는 통계적인 결과치를 찾아냄으로써 이 법칙이 널리 알려지게 되었다.

주식 투자에 있어 이러한 파레토의 법칙을 적용해 보면 다음과 같은 현상들이 자주 발생함을 볼 수 있다. 첫째, 주식 투자 전체 수익의 80%가 투자한 종목 중 20% 종목에서 실현되는 것을 종종 보게 된다. 예를 들어, 10개의 주식 종목을 매수하여 보유할 때 1년 후의 결과를 본다면 2개의 종목이 포트폴리오 수익에서 차지하는 기여도가 절대적으로 크게 나타나는 경향이 있다. 둘째, 주식 투자 손실의 80%가 투자한 종목 중 20%의 종목에서 발생할 수 있다. 이는 첫번째 사례의 반대 현상이다. 셋째, 주식의 보유 기간면에서 투자수익의 80%가 전체 보유 기간 중 20%의 기간에 발생하는 경우가 많다. 이는 주가의 움직임이 일정하지는 않지만 특정 이슈에 의해 한번 추세를 형성하면 단기간에 시세가 분출하게 되는 현상과 관련이 있다.

이러한 파레토의 법칙이 주식시장에서 항상 성립되는 것은 아니지만 파레토 법칙에서 나타나는 현상들은 주식 투자에 있어 서 오히려 어려운 과제로 다가오기도 한다. 이는 개인의 투자심 리와도 관련이 되어 있는 부분이다. 개인들의 투자심리에 있어 수익이 난 종목은 빨리 차익을 실현하고 싶어하고, 손실이 난 종 목은 보상 심리 등에 따라 오래 보유하게 되는 경향이 있다. 그 런데 파레토의 법칙과 개인의 투자심리적 한계가 만나게 되면 큰 문제가 발생하는 것이다. 즉 주식을 장기로 보유하다가도 본 격적으로 오르기 시작할 때 상승 초기에 매도하게 되는 것은 주 식투자에 있어 심리적 한계로 볼 수 있다. 결국 큰 수익을 가져 올 20% 종목들은 작은 수익으로 실현해 버리고, 큰 손실을 줄 수 있는 20%의 종목들은 손절매를 조기에 실행하지 못함에 따 라 전체 포트폴리오의 수익률이 부진한 사례를 자주 보게 된다.

따라서 이와 같은 개인의 심리적 한계를 극복하고 투자에서 성공하려면, 큰 수익을 가져올 우량주는 가급적 오래 보유함으 로써 포트폴리오에 기여하는 수익을 확대시키고 투자 기준에 벗어나 손실 폭이 확대될 여지가 있는 주식을 보유하고 있다면 손절매를 적기에 실행하여야 한다. 문제는 이러한 판단이 녹록하지 않다는 점이다. 따라서 주식 직접 투자에 있어서는 투자에 대한 체계적인 접근 방법 이외에도 투자 심리에 대한 컨트롤과 이를 위한 자금관리 전략 등을 함께 고려하여야 한다.

주식 투자의 체계적인 접근 방법

앞서 살펴본 것이 주식을 바라보는 기본적인 접근 마인드였다면 실제 투자 자금을 집행하는 매매의 프로세스는 어떻게 접근해야 할까. 숲을 보고 나무를 보라는 말이 있듯이 경제와 산업 동향을 먼저 분석하고, 개별 기업에 대한 분석을 하는 등 체계적으로 접근하는 것이 바람직하다. 이것을 탑다운(Top-down) 방식이라고 한다. 자기자본 이익률이 높은 기업, 미래 성장성이 있는 기업, 배당을 많이 하는 기업 등을 먼저 스크린하고 종목을 압축하여 선택하는 바텀업(Bottom-up) 방식의 투자도 가능하겠지만, 좀 더 장기적인 투자를 지속하고자 한다면 탑다운 방식의 접근이 보다 합리적이라고 할 수 있을 것이다.

탑다운 방식에 있어서 첫 번째 단계로 경제 동향을 분석해 보는 것이 중요하다. 3부 내용 중 [경기와 가치평가 등에 근거한 자산배분전략의 중요성]에서 언급한 바와 같이 현재 경제 상황이 확장국면인지, 수축국면인지 등에 따라 전체 자산 중 주식 투자 비중을 선제적으로 결정하는 것이 바람직하기 때문이다. 과거 주식시장에서 큰 부를 축적한 부자들이 몇 년에 한번씩 발생하는 주식시장의 급락국면에서 다들 힘들다고 할 때 오히려 주식 자산의 비중을 늘리는 투자를 진행했다는 얘기들을 종종 들어 보았을 것이다. 실전에 있어서 주식시장의 최저점을 잡아서 매수할 수는 없겠지만 주가가 큰 폭으로 조정을 보였을 때 진입하는 것은 기대수익률을 높일 수 있을 뿐만 아니라 하방 리스크도 줄일 수 있을 것이다.

두 번째, 산업분석에 있어서 현재 핵심 산업의 트렌드가 어디로 가고 있는가에 대한 흐름을 파악해 보아야 한다. 업종별로 분산투자를 할 수도 있겠지만 종목을 압축해 나간다는 차원에서 보면 어떤 업종들을 선택할 것인가는 투자 성과에 있어 큰 차이를 불러올 수 있기 때문이다.

장기적으로 볼 때 주식시장을 주도하는 산업이나 기업들은 각 국면의 경제 상황 등에 따라 바뀌면서 주식시장이 레벨업되어 왔다. 실제 1998~1999년 IT업종, 2009~2010년 자동차, 화학, 정유업종, 2015년 제약바이오업종, 2020~2021년 반도체, 이차전지, 플랫폼 비즈니스업종 등 주식시장의 상승을 견인하는 주도 업종들은 그 시대 상황을 반영하며 바뀌어 왔다. 따라서 현재 국면에서 어떤 산업이 주도하고 있는가를 가늠해 보는 것은 투자수익률과 직결되는 부분이 될 것이다.

그림 4-1 KOSPI지수와 운수장비, 화학업종 지수

자료: KRX
주: 2000년초 100기준

그림 4-2 KOSPI지수와 전기전자, 의약품 지수

자료: KRX
주: 2000년초 100기준

세 번째, 개별 기업의 사업 현황과 밸류에이션 등을 파악하는 기업분석의 단계이다. 기업분석은 크게 기본적 분석과 기술적 분석으로 나누어진다. 기본적 분석은 해당 기업의 내재 가치를 분석하여 주가를 예측하는 방법을 말한다. 주식시장에 상장되어 있는 기업들의 내용을 가장 자세히 볼 수 있는 것이 해당 기업에서 분기와 연간으로 공시하는 사업보고서이다. 사업보고서는 DART(금융감독원 전자공시시스템) 사이트(앱)에서 누구나 쉽게 접근이 가능하다. 이것을 일일이 확인하기가 번거롭다면 증권사의 애널리스트들이 발표하는 기업분석 보고서를 찾아보는 것도 좋은 방법이다. 상장 기업을 직접 방문하여 해당 기업의 현황을 대신 체크하여 분석을 해주는 것이 기업분석 애널리스트들의 역할이기 때문이다. 이러한 애널리스트들의 기업분석 보고서가 없다면 그만큼 해당 기업에 대한 투자정보가 제한되어 있다고 볼 수 있다. 또한 이런 기업들은 기업의 규모가 작거나 재무적인 안정성 등의 이유로 시장에서 주목을 받지 못하고 있을 가능성이 높다.

또한 대부분의 증권사 HTS 또는 MTS에서도 상장 기업들의 기본적인 투자 정보들이 제공되고 있다. 이를 통해 기업 내용, 실적 현황, 밸류에이션(PER, PBR 등), 배당수익률, 증권사 리포트 요약과 목표가 등을 개략적으로 체크해 볼 수 있다. 적어도 이러한 기본적인 내용은 파악한 상태에서 주식투자를 시작해야 한다. 그래야 투자하고자 하는 기업에 대한 매수 판단을 명확히 할 수 있고,

특히 매도 판단에 대한 기준을 설정할 수 있기 때문이다.

다음으로 기술적 분석은 기술적인 지표들을 활용하여 주가를 판단하는 방법을 말한다. 즉 기술적 분석은 주가에 주어진 정보들이 모두 반영되어 있다고 가정하고, 주가와 거래량 등의 흐름을 파악함으로써 주식을 투자하고 투자전략을 세우는 접근 방법이다. 일봉차트 분석, 이동평균선 분석, 추세분석, 패턴분석, 스토캐스틱과 MACD를 비롯한 보조지표 분석 등 다양한 기술적 분석 방법들이 있다. 기술적 분석에 대한 서적이나 SNS상의 정보들이 많이 나와 있기 때문에 여기서는 의미 있게 보아야 할 몇가지 기술적 분석 방법들을 간략히 소개해 보도록 하겠다.

첫째, 주식의 가격이 상승추세인가 하락추세에 있는가에 대한 판단이다. 주가 흐름에 있어 상승추세에 있다는 것은 주가가 저점과 고점을 높여가고 있는 것이며, 하락 추세에 있다는 것은 고점과 저점이 낮아지고 있는 차트를 말한다. 따라서 상승추세에서는 저점을 연결하여 상승 추세선을 그리고, 하락 추세에 있는 종목에 대해서는 고점을 연결하여 하락 추세선을 그릴 수 있다. 따라서 신규 투자 종목의 선택이나 보유 종목의 판단에 있어 이러한 추세선의 이탈 또는 돌파 여부를 주시할 필요가 있다. 적어도 하락 추세에 놓여 있는 종목을 장기로 보유하는 것은 피할 필요가 있으며, 상승 추세에 놓여 있는 종목이 상승 추세선을 이탈하기 진까지 보유하는 징기 투자는 주식투자 수익률에 있어 큰 차이를 불러올 수 있다.

이러한 상승 추세와 하락 추세를 이동평균선을 이용하여 판단하는 방법도 있다. 이동평균선이란 주가의 N일 동안 평균가격을 이어 놓은 것으로서 증권사의 HTS나 MTS에서 기본적으로 보여주는 지표이다. 이동평균선의 종류는 5일, 20일, 60일, 120일 등으로 나누어지며 투자자의 선택에 따라 설정도 가능하다. 이러한 이동평균선의 일수는 1주일, 1달, 3개월, 6개월 등 중요한 기간 동안의 평균 주가를 판단하는 의미도 내포되어 있다. 통상 상승추세가 형성되면 이동평균선은 지지선의 역할을 하는 경우가 많으며 하락추세일 경우 이동평균선이 저항선으로 작용하는 경향이 있다. 따라서 투자자의 투자 호흡이 장기이냐 단기이냐에 따라 이동평균선의 기준이 달라질 수 있다. 즉 투자자의 투자 예정 기간, 투자 패턴 등에 따라 중심이 되는 이동평균선을 정하는 것도 투자 판단에 있어 중요할 것이다. 예를 들어, 20일 이동평균선 위에 있는 종목만 보유하고 이탈하면 매도한다 등의 기준을 잡아나갈 수 있는 것이다.

둘째, 패턴분석이다. 패턴분석은 일봉차트를 중심으로 다양하게 나누어진다. 일봉 모양 자체의 패턴을 분석(음봉, 양봉, 도지형 등)하기도 하고, 일봉차트의 흐름을 기초로 하여 패턴을 찾기도 한다. 일봉차트의 여러 가지 패턴분석 중 가장 많이 활용되며 유의성이 높은 것이 헤드앤숄더형, 역헤드앤숄더형, 이중천정형, 이중

바닥형 패턴이다. 헤드앤숄더형과 이중천정형 패턴은 통상 주가의 고점 형성 과정에서 나타나는 패턴으로 추세의 반전이 나타날 가능성이 높은 패턴이다. 이와 반대로 역헤드앤숄더형, 이중바닥형 패턴은 저점을 형성하는 과정에서 나타나는 패턴들이다. 이러한 패턴들은 투자 심리와 연관되어 있기도 하고 주도 세력들이 물량을 털어내거나 매집을 하는 과정에서 나타나는 것으로 평가되고 있다. 또한 이러한 패턴이 형성되면서 상승 추세선이나 하락 추세선을 돌파할 때 유의성이 높아진다고 할 수 있다.

셋째, 지지선과 저항선의 활용이다. 개별종목의 차트를 보면 의미 있는 가격대에서 고점이 형성되거나 저점이 형성되는 경우가 많다. 이때 여러 차례 형성된 고점 가격대가 저항선이며, 저점 가격대가 지지선이 된다. 이를 활용한 매매패턴은 투자자에 따라 달라진다. 통상 단기 투자자의 경우는 이러한 지지선에서 매수하고, 저항선에서 매도하는 투자 패턴을 보인다. 지지선에서의 매수는 손절 가격을 잡기가 용이하기 때문이다. 이에 비해 장기 투자자의 경우는 주요 저항선이 돌파되었을 때 새로운 추세의 형성으로 보고 추가 매수하는 투자패턴을 보이는 경향이 있다.

넷째, 거래량 분석이다. 주식에 있어 거래량은 수급의 흐름을 파악하는 중요지표이다. 거래량이 늘어났다는 것은 그만큼 그 주식에 대한 관심도가 높아졌다는 것을 의미하기 때문이다. 특히 대량 거래의 발생은 추세의 전환 또는 강화의 신호로 볼 수 있어

거래량이 증가하는 국면에서의 가격 흐름이 중요시된다. 거래량과 맞물려 같이 볼 수 있는 것이 매물대이다. 매물대는 해당 주식에 있어 가격대별로 거래량의 분포를 나타내는 지표이다. 따라서 이러한 매물대는 개별 주식의 지지선과 저항선과도 맞물려 있다고 할 수 있다.

이외에서 스토케스틱과 MACD를 비롯한 보조지표 분석, 엘리어트파동 분석 등 다양한 기술적 분석 방법들이 있다. 이중 나에게 맞는 방법을 찾아 개별 주식의 매도와 매수 시점을 잡아가는 기준의 하나로 활용하는 것은 투자를 판단하는 보조 수단으로써 의미가 있다고 하겠다. 하지만 기술적 분석에 너무 치중하다보면 주식의 시세에 연연하게 되어 단기 매매 성향이 강해질 수 있으며, 기술적 지표들을 장기로 보느냐, 단기로 보느냐에 따라 판단의 기준이 틀릴 수 있다. 또한 개별 주식의 가격은 해당 기업의 펀더멘털적인 부분뿐만 아니라 시장 전반의 경제여건 등 다양한 변수에 영향을 받기 때문에 절대적인 기술적 지표란 있을 수 없다는 점에서 기술적 분석에 한계가 있다. 따라서 장기 투자자일수록 기술적 분석보다는 회사의 펀더멘털 등에 기초한 기본적 분석을 더 중요시할 필요가 있다고 하겠다.

해외 투자는 포트폴리오 분산 차원에서 접근

한편 2020년부터 주식 직접 투자에 대한 붐과 함께 해외주식에 대한 직접 투자도 큰 폭으로 증가하였다. 과거 해외주식에 대한 투자는 해외주식형펀드를 통한 간접 투자가 일반적이었으나, 주식 투자가 글로벌화되고 증권사들의 거래 시스템이 발달하면서 해외 주식에 대한 직접 투자도 손쉽게 접근이 가능한 시대가 도래한 것이다.

[그림 4-3]에서 나타나는 바와 같이 국내 투자자들의 해외주식 보유 금액은 2021년말 779억달러(86조원)를 기록하였다. 2019년말 145억달러(17조원)였던 데 비하여 2년 사이에 5배로 투자 규모가 증가한 것이다. 특히 이중에서 미국 주식의 비중이 80%대여서 절대적으로 높은 금액의 투자가 미국 주식에 집중되어 있는 것으로 나타났다. 그만큼 글로벌하게 지배력을 가진 기업들이 미국 시장에 대거 자리잡고 있는 것으로 평가될 수 있다.

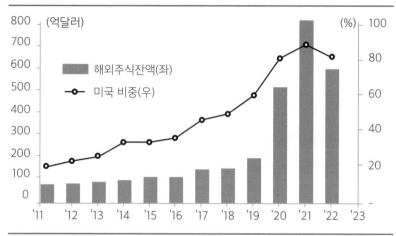

그림 4-3 국내 투자자의 해외주식 보유 금액과 미국 투자 비중

자료: 한국예탁결제원 증권정보포털(세이브로)

이와 같이 해외주식 직접 투자가 급증한 배경은 다양한 관점에서 접근해 볼 수 있다. 첫째, 세계 일등기업에 대한 투자 기회를 해외에서 찾고자 하는 니즈가 증가하고 있다. 애플, 테슬라, 마이크로소프트, 아마존, 메타 등 글로벌한 기업들이 우리 생활 주변에 가까이 있으며, 이러한 기업들의 글로벌한 경쟁력은 향후 더욱 확고해질 가능성이 높다. 실제 한국 주식시장이 세계 주식시장의 전체 시가총액에서 차지하는 비중은 2% 수준에 불과하다. 이에 따라 투자의 세계에서 글로벌화는 당연한 현상일 수 있으며, 해외시장에서 다양한 투자 기회를 찾을 수 있을 것이다.

둘째, 국내 경제의 저성장 기조 속에 국내보다는 해외에서 투자 기회를 찾고자 하는 니즈가 증가하였기 때문이다. 한국의 경제성장률이 낮아지고 있는 가운데 경쟁력이 높은 산업분야가 일부에 제한될 수 있으며, 이에 따라 성장 잠재력이 높은 국가 또는 글로벌한 성장 산업에 대한 관심이 높아지고 있는 것으로 볼 수 있다.

셋째, 해외 분산투자는 자산관리에 있어 변동성은 낮추고 기대수익률을 향상시키는 효과를 얻을 수 있다는 기대를 반영한 것으로 보인다. 국내주식 투자를 하면서 해외주식도 같이 투자를 하면 분산투자 효과가 커진다는 것은 이론적으로나 실증적으로 검증된 바 있다. 투자에 있어 기대수익률이 높을수록 변동성, 즉 위험이 높아지기 마련이다. 이처럼 변동성이 높은 자산에 투자함에 있어서 국내주식에만 투자하는 것보다는 해외자산을 함께 투자하는 것이 위험을 낮추고 기대수익률을 높일 수 있는 투자 방안이 될 수 있는 것이다. 여기에는 외화를 보유함에 따라 가져올 수 있는 통화 분산의 효과도 함께 작용하는 것으로 볼 수 있다.

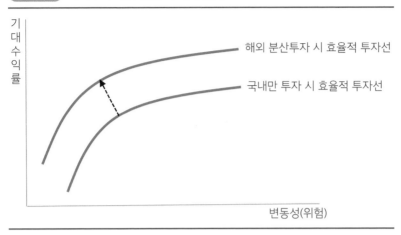

그림 4-4 해외투자 자산 편입 시 기대 효과

기대수익률

해외 분산투자 시 효율적 투자선

국내만 투자 시 효율적 투자선

변동성(위험)

이와 같은 이유들로 해외주식 투자에 대한 관심을 가질 필요가 있으며, 해외주식에 대한 투자도 국내주식 투자와 마찬가지로 산업분석과 기업분석 등 충분한 공부를 통해 투자를 실행할 필요가 있다. 시간적 제약 등으로 해외주식의 직접 투자가 어렵다면 전문가들이 대신 투자해 주는 주식형펀드나 자문형랩 등 간접투자 상품을 편입하는 것도 대안이 될 수 있다.

한편 해외주식 투자는 전체 주식 포트폴리오의 한 부분으로써 분산투자 효과를 높이는 관점에서 접근하는 것이 바람직하다. 기관투자자들도 국내주식의 투자 비중과 해외주식에 대한 투자 비중을 결정할 때 홈바이어스(home-bias, 자국 비중 우선 원칙)를 반영하는 것이 일반적이다. 즉 해외 투자 정보에 대한 접근성의 한계 등을 고려하여 국내 시장에 대한 투자를 우선적으로 고려해야 한다는 것이다. 따라서 내가 잘 아는 기업들이 상장된 국내 주식시장에 대한 투자를 중심 포트폴리오로 설정하고, 해외주식 투자에 대해서는 분산 투자 차원에서 접근하는 것이 바람직하다고 하겠다.

심리 컨트롤과 자금관리가 성공 투자의 필수 요건

주식투자에 있어 앞서 살펴본 바와 같이 다양하게 사전 준비를 하고 체계적인 접근을 하더라도 실제 투자를 실행함에 있어서 어려움을 겪는 것이 현실이다. 이를 두고 항상 강조되는 것이 사람이 가지는 심리적인 한계의 극복이다. 사실상 사람이 본성적으로 가지게 되는 심리적인 현상은 투자를 실행하는 과정에서 투영될 수밖에 없다. 따라서 이러한 투자심리를 어떻게 컨트롤할 것인가가 투자 성과에 중요한 영향을 미치는 것으로 볼 수 있다.

투자와 관련하여 대표적인 심리적인 현상들을 몇 가지 살펴보도록 하겠다. 첫째, 가장 많이 언급되는 것이 손실 회피 심리와 빠른 차익실현 욕구이다. 손실 회피 심리는 내가 투자한 종목에서 손실이 발생하면 이 손실을 확정하는 매매, 즉 손절매가 어렵다는 것이다. 반대로 수익이 났을 때에는 빠르게 수익을 확정하고 싶어지기 마련이다. 이러한 현상이 반복되다 보면 투자에서 손실이 발생한 종목만 계좌에 남게 되는 경우가 비일비재하다. 간단히 봐도 이렇게 투자를 반복하게 되면 주식투자에서 기대했던 만큼의 수익을 내기가 어려울 것이다. 문제는 사람들의 일반적인 심리상 이렇게 매매하게 될 가능성이 높다는 것이다. 이를 극복하려면 보유하고 있는 포트폴리오의 주식들을 주기적으로 모니터링을 하되, 수익이 나는 종목을 오래 보유하고, 투자 판단이 틀린 종목은 스스로 정한 기준에서 벗어날 때 비중을 축소하는 훈련을 하여야 한다.

둘째, 평균 회귀 심리이다. 평균 회귀(mean reversion) 심리란 주식의 가격이 최근에 평균적으로 형성되었던 가격으로 돌아올 것이라는 기대 심리이다. 이에 따라 주가가 오르는 종목은 다시 떨어질까 봐 두려워서 조기에 차익을 실현하게 되고, 주가가 떨어지는 종목은 조만간 회복될 것이라는 기대 심리로 오래 보유하게 되는 것이다. 이는 앞서 살펴본 손실 회피 심리와도 맞물려 있는 부분이다. 또한 주식을 매수할 때에도 추세가 형성되어 상승하고 있는 종목은 매수하기가 꺼려지고, 과거에 좋은 이슈가 있었던 종목이 조정을 보인 이후에는 매수하고자 하는 욕구가 더 생기는 것도 이러한 평균 회귀 심리에 따른 것으로 볼 수 있다. 이처럼 평균 회귀 심리는 단기 매매 성향을 가지게 할 가능성을 높이며, 주가가 새로운 모멘텀을 가지고 강한 상승 추세를 형성하는 경우에 큰 수익을 향유하지 못하게 하는 원인이 되기도 하는 것이다.

이와 같은 빠른 차익실현 욕구와 평균 회귀 심리를 극복하기 위해서는 주식의 모멘텀과 시세분출의 집중 현상을 이해하여야 한다. 이에 대해서는 앞서 살펴본 파레토의 법칙에서 주식 투자에서 큰 수익의 실현 구간이 전체 보유 기간 중 20%의 기간에 집중되는 현상을 되새겨 볼 필요가 있다. 또한 복리효과의 곡선이 일정한 변곡점을 지난 이후 급격히 상승하는 효과와도 일맥상통하는 부분이다. 즉 주식투자에서 수익 달성의 핵심은 수익이 날 때 제대로 실현을 해야 한다는 것이다. 또한 이는 한두 종목에 집중 투자하기보다는 포트폴리오 전략을 가지고 분산 투자할 때 그 가능성이 높아진다고 하겠다.

셋째, 자기 합리화의 함정이다. 일반적으로 주식투자를 진행함에 있어서 보유한 주식에서 수익 또는 손실이 발생하기 시작하면 주가의 움직임을 나의 기준에 맞추어 해석하려는 경향이 있다. 앞서 살펴본 바와 같이 손실 난 종목을 팔지 못하는 이유도 나의 투자 판단이 틀렸음을 인정하지 않으려는 경향에서 발생하는 것으로 볼 수 있다. 이를 극복하기 위해서는 객관적인 사실에 근거한 투자판단이 필요하며, 이러한 근거에 문제가 생겼을 때 인정할 수 있는 자세가 필요하다. 이를 "시장에 순응해야 한다"라고 표현하기도 한다.

넷째, 집단 심리의 극복이 필요하다. 2부에서 살펴본 바와 같이 투자시장에서는 쏠림현상이 나타나는 경향이 있다. 대중의 심리가 한쪽으로 몰리면서 가치에 비하여 과도하게 상승하거나 과도하게 하락하는 현상이 종종 발생하는 것이다. 흔히 대중이 다

아는 곳에는 먹을 것이 없다는 말이 있다. 이는 일반적인 사업에서도 마찬가지이겠지만 특히 주식시장에서는 과도한 쏠림이 있는지 주의할 필요가 있다. 이를 극복하기 위해서는 해당 이슈의 지속성과 가치 평가 등에 대한 좀 더 냉철한 투자 판단이 필요할 것이다.

사실상 위와 같은 개인들의 심리적인 한계를 완전히 극복하는 것은 어려울 것이다. 사람들의 일반적인 본성이 녹아 있기 때문이다. 그러므로 이러한 심리적 한계를 최소화할 수 있는 투자 스타일을 찾아가는 것이 중요하다. 또한 이것을 습관으로 체득할 수 있도록 하는 훈련 과정과 시간도 필요하다. 결국 이러한 과정이 투자의 노하우가 될 수 있으며, 그래서 투자는 장기 플랜을 가지고 훈련과 실천을 해나가야 한다고 생각한다.

이와 같은 투자심리의 한계를 극복할 수 있는 방법들 중에서 우선적으로 생각해야 할 부분이 투자자금의 관리이다. 자산배분전략의 연장선에서 주식 등 투자 자금의 규모와 투자 비중을 관리하는 것은 심리적인 한계를 극복할 수 있는 단초를 제공한다. 3부 자산배분전략의 중요성에서 강조한 바와 같이 어떤 주식을 보유하느냐 보다 현금과 주식의 배분 비중이 얼마인가에 따라 투자자산의 기대수익률과 변동성이 달라질 수 있다. 또한 주식투자를 하면서 현금 비중을 일정 부분 유지하는 것과 항상 주식으로 100%의 비중을 보유하는 것은 투자심리에 있어서 영향이 클 수 있다.

따라서 주식 등의 투자를 함에 있어서 자신의 투자 성향을 먼저 고려하되, 현금성 자산의 비중을 적절히 조절해 나갈 수 있어야 한다. 예를 들어, 5대5전략, 333전략 등을 설정하면 자금 관리의 노하우를 축적할 수 있다. 특정 개별 주식에 대한 매수를 진행할 경우를 예를 들어 보자. 해당 주식에 대한 사전 분석이 있었다는 전제하에 초기에는 전체 매수 예정 금액의 30% 또는 50%를 먼저 매수한 이후 주가 흐름을 판단하는 것이 바람직하다. 이후 주식을 매수할 당시의 전제 조건들에 큰 이상이 없는데 주가가 하락을 보일 때에는 추가 매수를 진행하는 것이다. 이는 자연스러운 시간 분산 투자, 분할매수 전략이 될 수 있다. 매수에 자신이 없다면 30%로 시작하여 30%씩 추가 매수하면 되고, 가격 메리트 등에 따라 매수 가격에 자신이 있을 때에도 50%씩 진행하는 등 다양한 전략으로 자금관리가 가능하다. 이러한 매수 비율의 정도는 개인에 따라 좀 더 세분화할 수 있을 것이다. 매수한 종목에서 펀더멘털상에 문제가 발생하였다면 손절매를 고려하는 것이 우선이며, 현금 보유 비중을 가지고 있을 때에는 기업의 펀더멘털상의 문제가 아닌 시장 상황 등에 따라 예상과 달리 주가가 떨어지더라도 심리적인 영향을 적게 받을 수 있다.

반대로 주식을 50% 또는 30%의 비중으로 매수하였는데, 목표한 매수 비율을 맞추기 전에 주가가 상승하는 경우이다. 이 경우는 추가적인 상승 모멘텀이 확인되었거나 주가가 목표가격보다 낮은 상황인 경우는 추가 매수하는 방안을 선택하면 된다. 중요한 점은 주가가 상승추세를 시작하였을 때에 초기 매수 비율이 낮더라도 주가 조정 시 추가 매수할 수 있는 자금력을 갖추고 있어야 한다는 부분이다. 또한 초기에 주식을 많이 매수하지 못하였다는 아쉬움을 생각하기보다는 얼마나 오래 들고 갈 것인가를 생각하는 것이 심리적으로 컨트롤하는 데 있어 관건이 될 수 있다. 추가 매수할 여력이 있기 때문에 기존에 가지고 있는 물량은 수익 구간에서 더 오래 가져갈 수 있는 동기가 될 수 있다.

이와 같은 투자 자금의 관리는 현재 투자하고 있는 자금 규모가 작더라도 지속적으로 관리하는 습관을 익혀 나갈 필요가 있다. 향후 투자 금액이 커질 경우 초기의 투자 습관이 영향을 미치기 때문이다. 또한 이와 같은 자금관리 전략은 개별 주식뿐만 아니라 주식형펀드나 ETF 등의 투자에서도 동일하게 적용된다고 하겠다. 한편 이러한 자금 관리 전략은 신용 대출 등 레버리지를 사용하는 투자자들보다 기대수익률을 적게 할 수 있으나, 보유 자산의 변동성을 낮추는 역할을 하는 것이다. 이와 같은 수익률 변동성의 관리는 결국 심리적 한계를 극복하는 데 도움을 줄 뿐만 아니라 장기 투자를 가능하게 하고, 투자 자금이 늘어났을 때에도 적절한 관리가 가능하도록 하는 투자 방법이 될 것으로 생각된다.

직접 투자는 신중하되, 나만의 핵심 투자원칙 명확히

주식 투자를 남들보다 잘하는 혈액형이 있다고 한다. 그것은 A형, B형, AB형, O형도 아닌 주식형이라고 한다. 이는 일반적으로 개인 투자자가 직접 주식 투자를 하는 것이 어려울 뿐만 아니라 투자에서 성공할 가능성도 낮다는 의미를 내포한다. 앞서 살펴본 바와 같이 주식 투자에 대한 올바른 접근 마인드를 가지고 주식에 대한 체계적인 접근 방법으로 분석을 하고 투자를 실행하더라도 심리적 한계에 부딪히는 경우가 비일비재하기 때문이다.

사실 주식투자에 대하여 서적이나 SNS 등에 수많은 자료들이 나와 있다. 이들을 섭렵하다 보면 많은 공부가 되겠지만, 결국 투자를 실행하는 것, 즉 어떤 주식을 살 것인가, 언제 사고 팔 것인가에 대한 최종 판단을 하는 것은 각자 개인의 몫이다. 따라서 나만의 핵심 투자원칙을 명확히 하고 이를 실천해 나갈 필요가 있다.

끝까지 살아남은 자가 모든 것을 가진다는 말이 있다. 이는 특정 사업 분야에서 실패에 따른 경험이 쌓이고 노하우가 축적되기까지 시간이 필요하며, 이를 견디어 내고 장기적으로 계속된 노력을 한다면 그 분야에서 성공할 수 있다는 의미일 것이다. 이 말이 주식시장에도 적용될 수는 있으나 수많은 참여자가 있는 주식시장에서 주식 직접 투자로 성공한다는 것은 그리 쉽지만은 않은 것이 현실이다. 주식 직접 투자에 있어 단기간에 큰 수익을 낸 경우는 있으나, 장기적으로 지속적인 성과를 쌓아 가며 성공한 케이스는 드물기 때문이다. 주식시장은 다양한 요인들이 영향을 미치며 등락을 반복하는 경향이 있으며, 투자 판단이 매번 맞을 수도 없기 때문이다. 따라서 어떠한 전략을 가지고 손실을 최소화하면서 수익을 쌓아 나갈지에 대한 꾸준한 노력과 공부가 필요할 것이다.

나만의 투자원칙을 설정할 때 기본적으로 고려해야 할 사항들은 우선 투자 목표를 명확히 하고, 자신의 투자성향과 재무 상황에 맞는 적정 투자 금액과 투자에 따른 적절한 기대수익률을 설정하는 것 등이다. 이를 바탕으로 증시 여건과 종목 분석 등을 진행하면서 분산 투자를 통해 포트폴리오를 구성해 나가는 과정을 거쳐야 한다. 이후 주식시장과 투자 종목의 환경 변화 등을 지속적으로 모니터링하면서 포트폴리오를 리밸런싱하여야 한다.

예를 들어, 적정 기대수익률을 설정함에 있어서도 기준이 필요할 것이다. 주식투자를 통해 어느 정도의 기대 수익률을 설정하느냐에 따라 투자스타일이나 종목 선정에 있어서 차이가 발생하기 때문이다. 참고로 [그림 4-5]에서 KOSPI지수의 48년간 평균수익률은 11.9%이다. 다만 연간 등락폭에서 나타나는 바와 같이 언제든 손실이 발생할 가능성도 있다는 점에서 하락 리스크를 관리하면서 적절한 기대수익률을 설정할 필요가 있다. 한편 KOSPI지수를 기준으로 5년 보유를 전제로 단순 평균수익률을 누적해서 계산해 보면 손실이 날 가능성이 줄어든다. 이는 장기투자를 통해 손실이 발생할 가능성을 낮출 수 있다는 의미를 가진다.

1975~2022년 KOSPI지수의 연도별 수익률과 5개년 평균수익률 추이

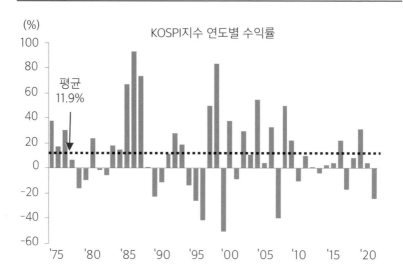

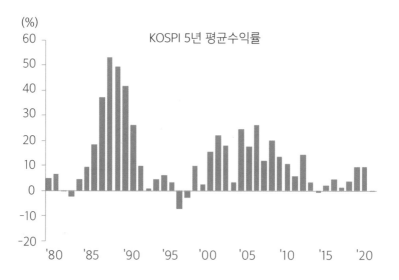

자료: KRX

여기서 한 가지 더 생각해야 할 부분은 나의 전체 투자자산 중 주식 투자 금액의 비중을 적절히 설정해야 한다는 점이다. 이는 심리 컨트롤을 위한 자금관리와도 연관된 부분이다. 예를 들어, 주식 투자 금액이 너무 커지거나, 레버리지의 사용 등으로 주식 수익률의 변동성이 커지게 되면 꼬리가 몸통을 흔드는 상황이 발생할 수도 있다. 즉, 나의 한달 월급보다 하루 주가 변동에 따른 일간 주식의 손익 금액이 크다면 본업을 하면서도 투자 현황에 신경을 쓰는 시간이 늘어날 것이기 때문이다. 따라서 주식 직접 투자 규모는 본인이 감내 가능한 범위를 사전적으로 정하고 접근할 필요가 있다. 또한 투자자산 규모가 커질 때에는 직접 투자보다 간접투자 상품의 비중을 늘려 나가는 방안을 모색할 필요가 있다고 하겠다.

지금까지 주식 투자의 올바른 접근 마인드부터 주식투자의 체계적인 접근 방법과 자금관리, 투자원칙 정립 등에 대하여 살펴보았다. 이처럼 주식 직접 투자에 있어서 성공 투자의 길은 충분히 준비하고 투자원칙을 꾸준히 실천하면서 건전한 투자 습관을 만들어 가는 과정이라고 생각된다. 이러한 과정들이 다소 복잡하거나 귀찮게 보일 수도 있으나 주식 직접투자에서 장기적인 성공을 거두기 위해서는 거쳐야만 하는 과정이라고 할 수 있다.

2장

주식 간접 투자 전략으로 장기 플랜을 짜라

다양한 투자 대상과 투자 수단에 대한 시야를 넓히자

1장에서 살펴본 바와 같이 개별 주식투자에서 성공하려면 충분한 사전 준비와 사후 관리가 필요하다. 경제분석, 산업분석, 기업분석이 선행되어야 하고 계속적으로 변화하는 투자시장의 여건에 대한 점검 과정도 거쳐야 한다. 이러한 것이 어느 정도 갖추어졌다 하더라도 사람이 가질 수 있는 심리적인 한계를 극복해야 주식 직접 투자에서 성공할 가능성이 높아진다. 즉 이러한 조건들을 충족하지 못한다면 개별 주식에 대한 직접 투자에서의 성공은 일정한 한계를 가질 수밖에 없다.

이와 함께 3부에서 살펴본 투자자산을 어떻게 관리할 것인가에 대해서도 다시 한번 생각해 볼 필요가 있다. 생애 재무설계에 기초한 투자 계획을 수립하는 데 있어 개별 주식 투자를 가지고 재무목표별로 전략을 수립하는 것은 한계에 부딪힐 가능성이 높기 때문이다. 또한 집중해야 할 본업이 있거나 주식투자 공부에 시간을 내기가 어려운 경우는 개별 주식 직접 투자 이외에 다른 투자 대안이 없는지를 살펴볼 필요가 있는 것이다. 또한 장기 투자, 분산 투자의 원칙을 지키면서 오래도록 투자할 수 있는 방법이 펀드 등을 활용한 간접 투자이기에 이들 방안에 대하여 검토의 시간을 가질 필요가 있다.

또한 투자자산을 관리함에 있어 조금만 시야를 넓혀 보면 주식 투자 이외에 국채, 회사채, 해외채권, 메자닌채권(전환사채, 교환사채 등), 하이일드채권, ELS, 금, 유가 등 투자 대상이 다양하다는 점을 알 수 있다. 주식을 투자할 때도 주식 직접 투자 이외에 펀드, ETF, 랩, 자문사 일임 계약 등 다양한 투자 수단을 활용할 수 있다는 점을 고려할 필요가 있다. 이러한 투자 수단들은 금융 산업이 발전하면서 다양하게 진화하고 있으며, 각 투자 수단들은 점점 더 세분화되고 있을 뿐만 아니라 개인 투자자들의 접근성도 높아지고 있다.

이렇게 다양한 투사 대상과 투자 수단들에 대한 시야를 넓혀 투자의 포트폴리오를 구축하는 것이 자산관리에 있어 변동성을 낮추면서 적정 기대수익률을 달성할 수 있는 전략이 되는 것이다. 여기서는 간접투자의 대표 수단인 펀드, 랩, ETF 등에 대하여 살펴보도록 하겠다.

다양한 펀드를 활용한 간접 투자 수단에 대한 관심 확대

투자자산 중 주식 직접 투자를 대체할 수단으로써 첫번째로 관심을 가져야 할 것이 펀드(Fund)이다. 펀드는 주식을 포함한 다양한 자산에 투자가 가능한 간접투자 시장의 가장 대표적인 상품이다. 펀드란 다수의 투자자들로부터 자금을 위탁 받아서 자산운용회사가 투자자를 대신하여 주식, 채권 등의 자산에 투자하고 이에 따른 투자 성과를 투자자들에게 돌려주는 금융상품이다.

이러한 펀드는 판매회사인 증권회사, 은행 등을 통하여 가입이 가능하며, 금융기관에 방문하여 상담을 통하여 가입하거나 인터넷으로도 간단히 가입이 가능하다. 운용회사는 각 펀드가 가지는 운용 철학에 따라 펀드 운용성과의 기준이 되는 벤치마크지수를 초과하는 수익률을 달성하고자 전문교육을 받은 펀드매니저가 운용하여 투자자들에게 손익을 돌려준다.

이에 따라 펀드는 다음과 같은 특징을 가지고 있다. 첫째, 적은 돈으로도 다양한 자산에 대한 분산 투자가 가능하다. 주식, 채권, 부동산 등에 직접 투자할 때 적은 금액으로 분산 투자하기에는 일정한 한계가 있다. 하지만 펀드는 적은 돈으로도 다양한 유형의 자산을 나누어서 투자가 가능하다는 장점이 있다. 또한 주식과 채권을 혼합한 혼합형펀드를 투자할 수도 있고, 다양한 자산을 투자 시점에 맞게 알아서 투자해 주는 자산배분형펀드 등 적은 돈으로 다양한 방법의 투자가 가능하다.

둘째, 분산 투자를 통해 위험을 관리할 수 있다. 대부분의 펀드들이 주식, 채권 등 특정 자산군 내에서도 여러 종목에 분산 투자하므로 자연스럽게 포트폴리오가 구축되어 집중 투자에 따른 위험을 줄일 수 있다. 즉 주식을 투자하더라도 적은 돈으로 여러 종목을 분산 투자할 수 있다는 점에서 특정 개별 종목만 투자했을 때 감내해야 하는 리스크를 줄일 수 있는 것이다.

셋째, 자산운용 전문가가 투자를 대신해 준다는 점이다. 주식, 채권 및 부동산 등에 전문 지식과 자격증을 가진 운용전문 인력(펀드매니저)이 운용하므로 개인이 제한된 정보를 가지고 투자하는 것보다 성과가 우수할 가능성이 크다. 중요한 점은 업종 및 종목 선정 등 투자 판단에 대한 고민을 펀드매니저가 대신해 준다는 점에서 투자 선택을 고민하는 시간을 절약할 수 있다.

넷째, 펀드는 잦은 매매 욕구를 줄여주고, 장기투자가 가능하도록 한다. 통상 국내 주식 투자 펀드를 환매하고자 하는 경우 3일 내외의 시간이 걸리며, 해외 투자 펀드의 경우 6~10일 정도의 환매 시간이 걸리는 펀드들도 있다. 이에 따라 단기 매매의 가능성이 줄어들게 된다. 개별 주식이나 ETF에 대한 직접 투자를 할 때에는 시시각각으로 변화하는 시장 환경이나 장중 시세 변동에 따라 투자심리가 민감해지고 이에 따른 단기 매매 욕구가 생길 가능성이 커지는 것이 현실이다. 이에 비하여 펀드는 간접 투자라는 심리적인 안정감과 함께 비교적 장기로 투자를 하겠다는 마인드가 미리 정립되어 있는 경우가 많아 장기 투자가 가능하게 되는 것이다. 이는 장기적으로 투자 성과에 있어서 큰 차이를 불러올 수 있는 중요한 부분이다.

금융투자협회에 따르면 2022년말 기준 한국시장에서 설정된 펀드의 규모는 746조원이다. 2003년 3월말 펀드 규모가 134조원이었던 점을 고려하면 펀드시장은 큰 폭의 증가세를 보인 것으로 나타난다. 금융투자협회가 분류한 펀드 유형별로 투자 규모가 큰 순서로 살펴보면, 단기금융펀드 151조원, 부동산펀드 137조원, 특별자산펀드 132조원, 채권형펀드 107조원, 재간접펀드 60조원, 주식형펀드 52조원, 혼합자산펀드 51조원 등으로 구성되어 있다.

그림 4-6 국내에 설정된 전체 펀드 유형별 잔고

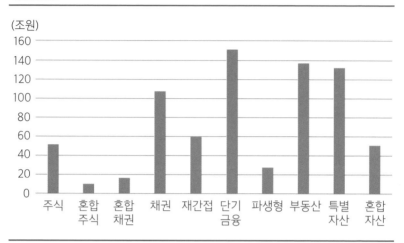

(조원)

자료: 금융투자협회 (2022년말 기준)

　　펀드 분류에 있어서 펀드의 투자 대상, 주식투자 비중, 운용방법, 투자지역 등에 따라 다양한 유형으로 구분된다. 사실상 일반적으로 아는 투자 대상 자산은 거의 모두 펀드로 투자가 가능하다고 보면 된다. 금융투자협회가 분류해 놓은 기준으로 펀드 유형별 특징을 살펴보도록 하겠다.

　　우선 주식형펀드는 펀드 자산의 60% 이상을 주식에 투자하는 펀드이다. 국내외의 다양한 주식에 분산 투자를 통해 기준이 되는 벤치마크지수(코스피지수 또는 코스닥지수 등) 대비 초과 수익을 추구하는 펀드를 말한다. 주식에 대한 간접 투자를 진행할 수 있는 펀드라는 점에서 주식형펀드가 주요 관심의 대상인 만큼 주식형펀드에 대한 세부 분류는 뒤에 별도로 다루도록 하겠다.

주식혼합형펀드와 채권혼합형펀드는 주식과 채권 등을 혼합하여 투자하는 펀드를 말한다. 일반적으로 주식투자 비중이 50% 이상인 펀드를 주식혼합형펀드로, 주식투자 비중이 50% 이하인 펀드를 채권혼합형펀드로 분류한다. 투자자들의 투자 성향이나 위험 선호도에 따라 주식편입 비율에 따른 투자 대상 혼합형펀드를 선택할 수 있는 것이다.

주식혼합형이나 채권혼합형펀드의 경우 단순히 주식과 채권을 분산 투자하기도 하고, 공모주펀드, 공모주하이일드펀드, 블록딜펀드, 롱숏펀드, 절대수익추구펀드 등 다양한 전략을 결합하여 투자하기도 한다. 투자자가 스스로 주식형펀드와 채권형펀드를 분산 투자할 수도 있지만 혼합형펀드를 통하여 주식에 대한 투자 비중의 범위를 사전적으로 정할 수 있다는 것이 장점이다. 또한 혼합형펀드는 채권에서의 안정적인 이자 수익과 주식에서 발생할 수 있는 수익 기회를 겸비하였다는 점에서 안정성과 수익성을 동시에 추구할 수 있다. 따라서 투자성향상 포트폴리오의 안정성을 높이기를 희망하거나 새롭게 시작하는 투자자가 접근하기에 적합하다고 하겠다.

채권형펀드는 국내외 채권에 60% 이상을 투자하여 이자수익과 채권의 매매차익을 향유하고자 하는 펀드이다. 채권형펀드는 편입된 채권이 매일 시가평가가 되기 때문에 펀드 수익률이 다소 변동되기는 하지만 정기예금 금리 대비 초과 수익을 추구하는 펀드이다. 2022년과 같이 금리가 급등하는 국면에서는 채권형펀드에서도 일시적으로 손실이 나는 경우가 있으나 장기적으로 볼 때 이자수익이 계속 수취되며, 만기보유 전략 등으로 손실 가능성은 낮다고 하겠다. 반대로 금리가 큰 폭으로 상승한 이후 채권형펀드에 가입하게 되면 채권가격 상승(금리 하락)에 따른 채권 평가 차익이 커진다는 점에서 기대수익률이 더 높아질 수 있다. 채권형펀드를 다시 세분화해 보면 국공채형/회사채형/하이일드형, 해외채권형/국내채권형, 중장기채권형/단기채권형 펀드 등으로 나누어 볼 수 있다.

재간접펀드(Fund of funds)는 자산운용회사가 직접 주식이나 채권에 투자하는 것이 아니라 다른 자산운용회사가 운용하고 하는 펀드를 새로 만들어진 펀드에서 투자하는 펀드이다. 이러한 재간접펀드는 주로 국내 운용회사가 해외에 있는 유명 자산운용사의 펀드에 대신 투자해줄 목적으로 펀드를 만들어 제공하는 형태가 많다. 해외 운용회사가 국내에 직접 펀드를 설정하기 어렵거나, 특정 해외 자산 투자 시 투자 제약 등으로 인하여 해외 운용사의 펀드에 간접적으로 투자하고자 하는 니즈가 있기 때문이다. 여러 운용사의 펀드를 분산 투자하면서 한 개의 펀드에서 투자가 가능하도록 하는 재간접펀드들도 있다.

단기금융펀드는 주로 단기로 자금을 운용하는 MMF펀드를 의미한다. MMF(Money Market Fund)는 기업어음(CP), 양도성예금

증서(CD), 콜론 등 단기 금융상품에 주로 투자하는 펀드로서 수시 입출금이 가능한 펀드들이다. 개인투자자의 경우 당일 입출금이 가능하나 법인의 경우는 자금이 필요할 경우 하루 전에 환매를 신청해야 한다. 투자자들이 직접 기업어음(CP) 등 단기 금융상품에 투자할 수도 있지만 최소 매매금액이 크다는 문제, 환매 제한 등으로 불편함이 있는 데 비해 MMF는 운용회사가 알아서 투자해 준다는 점에서 단기 자금 운용에 있어서 유용하다고 할 수 있다.

파생형펀드는 ELS, DLS 등 파생상품을 펀드에 편입하여 투자하거나 선물과 옵션 등을 활용하여 헤지 또는 레버리지 거래를 활용할 수 있는 펀드 유형이다. 헤지 전략을 쓰는 경우 상대적으로 변동성이 낮아질 수 있으나, 레버리지 전략을 사용하는 경우는 기대수익률은 높아지겠지만 변동성도 함께 커진다는 점을 유의할 필요가 있다.

부동산펀드는 말 그대로 부동산에 주로 투자하는 펀드이다. 부동산의 개발사업, 건물매입을 통한 임대사업, 부동산 사업에 대한 자금대여 등의 다양한 투자 전략을 활용하여 수익을 달성하고자 하는 펀드이다. 부동산펀드는 투자하는 대상 부동산의 담보 가치나, 사업성, 투자 기간, 리스크 등에 따라 기대 수익률이 달라진다.

특별자산펀드는 귀금속, 광물, 농산물, 에너지, 지식재산권 등과 같이 일반 주식이나 부동산자산이 아닌 특별한 자산에 투자하는 펀드를 말한다. 개인이 직접 광물과 같은 실물자산에 투자하는 데에는 투자 접근성에 제약이 많을 뿐만 아니라 투자할 때 발생하는 보관비용, 사후관리 등의 문제를 펀드에서 해결해 주는 간접투자 상품으로 보면 된다.

혼합자산펀드란 주식, 채권, 부동산, 특별자산 등 투자대상에 대한 제한이 없이 투자가 가능한 펀드를 말한다. 시장 상황에 따라 운용회사의 판단하에 투자대상 자산을 선별하여 투자하기도 하고, 사전적으로 투자대상 풀을 설정하고 여러 형태의 자산군에 분산 투자함으로써 목표로 하는 수익률을 달성하고자 하는 펀드들이 여기에 속한다.

주식형 펀드로 투자 수익률을 제고할 수 있는 기회 포착

한국의 펀드시장에서 주식 투자와 관련성이 가장 높은 주식형 펀드에 대하여 조금 더 자세히 살펴보도록 하겠다. 한국 자산시장에서 주식형펀드의 1차 중흥기는 IMF 이후인 1998년~2000년 초까지 진행되었던 바이코리아 펀드 열풍이었다. IMF의 구제금융 투입과 함께 기업들의 구조조정이 일단락되고 경기가 점차 살아나기 시작하는 과정에서 인터넷이 활성화되고, Y2K이슈와 함께 IT관련 산업에 대한 투자가 확대되면서 닷컴버블이 발생하였다. 이에 따른 국내 주식시장의 상승과 함께 바이코리아 펀드를 필두로 주식형펀드시장으로 자금이 대규모로 유입되었다. 하지만 2000년 이후 IT버블 붕괴와 맞물려 주식시장이 장기간 조정을 보이면서 주식형펀드 시장도 정체기를 거쳤다.

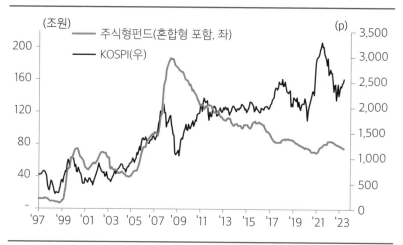

그림 4-7 주식형펀드 잔고와 KOSPI지수

자료: 금융투자협회

2차 주식형펀드 투자의 붐은 2005년~2008년 상반기까지 진행된 국내외 주식형펀드 투자 열풍이었다. 당시 3년 6개월간 주식형펀드(주식혼합형 포함)로 유입된 자금 규모는 146조원에 달하였으며, 주식형펀드 잔고는 최고 187조원을 기록하였다. 2020년~2022년 상반기까지 개인투자자들의 국내 주식 순매수 규모가 135조원였던 것을 보면 당시 펀드시장의 붐을 가늠해 볼 수 있을 것이다. 2005년 KOSPI지수가 1,000p선을 돌파하는 상승추세를 보였고, 이에 앞서 시작된 1억만들기 펀드, 3억만들기 펀드 등 적립식펀드가 초기 주식형펀드 시장의 성장을 이끌었다. 주식시장이 1,000p대에 안착하여 2,000p까지 돌파하는 상승추세를 지속하고, 중국을 중심으로 인도, 브라질, 러시아 등 이머징시장이 큰 폭으로 상승하면서 국내외 주식시장에 투자하는 주식형펀드 시장도 최대의 중흥기를 맞았다. 이후 2008년 금융위기가 발생하면서 펀드 수익률이 부진해졌고, 자문사들의 일임형 투자자문 시장으로의 자금 이동, 중국을 중심으로 한 해외주식형 펀드의 수익률 부진, 장기간 주식시장 횡보에 따른 실망 매물 등으로 주식형펀드에서의 자금 이탈 추세가 시작되었다.

여기서 한가지 주목해서 보아야 할 점은 주식형펀드시장에서도 개인들의 주식 직접 투자 자금의 흐름과 마찬가지로 쏠림현상이 있어 왔다는 점이다. 물론 주식시장이 상승할 때 주식이나 주식형펀드에 대한 관심이 높아지는 것이 사실이다. 하지만 자산배분전략 파트에서 언급했던 바와 같이 투자 성과 차원에서 본다면 주식시장이 조정을 보일 때, 오히려 분할매수 또는 적립식 투자의 관점에서 추가 자금을 투자해야 한다. 즉 장기적인 관점에서 투자한다면 손실 구간에서 투자를 확대할 때 투자 성과가 향상될 가능성이 크며, 주식시장이 적정 밸류에이션보다 큰 폭의 상승을 보였다면 오히려 비중을 축소하는 역발상의 전략이 바람직하다고 하겠다.

한편으로 보면, 위와 같은 두 차례의 주식형펀드 투자 붐이 모두 주식시장의 장기 상승과정에서 나타났던 것을 고려할 때 2020년 이후 KOSPI지수가 3,000p시대를 개막한 주식시장의 급등기에 주식형펀드로의 자금 유입이 부진한 것은 다소 이례적인 현상이다. 이는 모바일을 통해 간편한 주식 계좌 개설이 가능해지고, 유튜브 등 SNS의 발달로 주식 직접 투자를 선호하는 현상이 일반화되었기 때문인 것으로 보인다. 실제 주식형펀드 등 간접투자 시장으로의 자금유입은 미미하였지만, 주식을 직접 투자하는 자금은 역사적인 유입을 보였던 것으로 나타난다.

문제는 2022년 주식시장의 급락과정을 거치면서 개인투자자의 직접 주식 투자 수익률이 크게 부진하였으며 이에 따라 직접 투자의 어려움이 크다는 경험을 다시 한번 겪었다는 점이다. 만약 주식형펀드를 통하여 간접 투자를 하였다면 어땠을까. 2022년 주식형펀드들도 수익률이 부진하였으나 상대적으로 보면 개인들의 직접 주식투자 성과보다는 평균적으로 높았던 것으로 평가된다. 그만큼 분산 투자의 효과가 컸다고 볼 수 있을 것이다. 또한 펀드는 직접 투자에서 올 수 있는 스트레스를 상당 부분 줄여주었을 것으로 평가된다. 이는 주식 직접 투자의 어려움을 극복하면서 여러 가지 장점을 가진 주식형펀드 등을 활용하는 간접투자 시장으로의 자금 이동이 다시 시작될 가능성을 높이는 부분이다.

자본시장의 역사가 오래된 미국의 경우는 주식 직접 투자보다 펀드를 활용한 간접투자가 활성화되어 있다. 미국의 펀드시장은 1982년 401K 제도 시행과 함께 크게 성장하였다. 401K는 우리나라 기준으로 보면 퇴직연금 중 DC형(확정기여형)과 비슷한 제도로 주기적으로 급여의 일정 비율을 퇴직연금으로 적립해 주고 개인이 펀드 등을 직접 운용하는 퇴직연금 제도이다. 특징적인 부분은 401K의 운용 자산 중에서 주식형펀드의 비중이 높게 나타난다는 사실이다. 한국의 퇴직연금시장에서 예금과 보험 상품에 대한 선호도가 높은 것과는 비교되는 부분이라 하겠다.

　　한편 미국 퇴직연금시장에서는 주식시장의 장기적인 성장성을 바라보고, 주식형펀드에 분산 투자하면서 매년 적립식으로 자연스럽게 투자하여 은퇴자금을 만들어 가는 문화가 일반화되어 있는 것으로 알려져 있다. 역으로 보면 401K가 미국 증시 상승의 원동력이 되었다는 평가도 있다. 미국의 직장인들은 401K를 통해 간접투자 문화에 익숙해지고, 장기투자와 분산투자를 자연스럽게 체득하는 계기가 되고 있는 것이다. 그 결과 미국 증시가 장기적으로 상승추세를 보이면서 401K는 개인들의 은퇴자금에서 중심축이 되고 있는 것을 주목해 볼 필요가 있다.

　　한국에서도 2005년 12월 퇴직연금제도가 처음 도입되었으나 상당한 기간 동안 DB형의 선호도가 높았으며, DC형을 선택하더라도 예금 등 안정형 상품에 대한 선택 비중이 높았던 것으로 나타난다. 하지만 한국 주식시장이 3,000p시대를 개막하였던 경험은 투자 상품에 대한 관심도를 높이고 있으며, 실제 퇴직연금DC형에 대한 선호도가 점차 증가하는 모습이다. 또한 주식형펀드, ETF(상장지수펀드) 등 투자형 상품에 대한 선택 비중도 늘어날 것으로 전망되고 있다. 연금저축과 IRP 등 장기 투자형 상품에서도 주식형펀드에 대한 선호도가 증가하고 있는 것은 주식형 펀드시장으로의 자금 유입에 있어 중요한 토대가 될 것으로 전망된다.

주식형 펀드를 통한 분산 투자, 장기 투자 효과 활용

주식 직접 투자에 관심이 많은 투자자라면, 어떤 종목을, 언제 살 것인가, 경기 변동과 시장 상황에 따른 대응을 어떻게 할 것인가 등이 항상 고민이다. 이러한 부분에 대하여 개인이 직접 판단하기 어렵다면 간접 투자를 추천하는 것이 일반적이다. 앞서 펀드의 특징에서도 살펴보았듯이 펀드는 적은 돈으로도 주식에 대한 분산 투자를 할 수 있으며 이를 자산운용 전문가가 대신해 주기 때문이다.

관심의 대상인 주식형펀드의 종류를 조금 더 세분화하여 살펴보도록 하겠다. 주식형펀드는 다양한 기준으로 분류할 수 있다. 먼저 투자지역에 따라 다양한 투자 선택이 가능하다. 크게 보면 국내 주식에 투자하는 국내주식형펀드와 해외주식에 투자하는 해외주식형펀드로 나누어진다. 다시 해외주식형펀드는 투자 지역별로 선진국펀드, 이머징펀드, 유럽펀드, 브릭스펀드 등이 있고, 미국펀드, 중국펀드, 인도펀드 등 국가별로 투자가 가능한 펀드들도 있다.

국내주식형펀드는 투자 스타일에 따라서 다음과 같이 분류할 수 있다. 성장성이 높은 기업에 주로 투자하는 성장형펀드, 기업 실적에 비해 저평가된 주식에 주로 투자하는 가치형펀드, 배당주에 투자하는 배당형펀드, 인덱스 지수를 그대로 추종하는 인덱스펀드 등이 있다. 이외에도 반도체, 이차전지, 로봇, 헬스케어, 메타버스 등 각종 테마와 관련 있는 종목에 집중 투자하는 테마형펀드, 중소형주에 분산 투자하는 중소형주펀드 등도 있다.

실제 펀드 투자를 하게 되면, 큰 틀에서 경기 동향과 함께 주식시장의 저평가 및 고평가 여부 등 주로 자산배분전략에 대한 기준을 가지고 앞서 살펴본 펀드 유형과 펀드스타일을 먼저 결정하고, 해당 펀드스타일 중에서 개별 펀드의 선택 과정을 진행하면 된다.

펀드 선택 I: 투자 성향과 투자 목적을 고려한 펀드 유형 결정

개별 펀드를 선택하는 압축 과정을 단계적으로 접근해 보도록 하겠다. 간접 투자라는 관점에서 주식 직접 투자를 진행하는 것보다는 고민해야 할 부분이 적기는 하지만 자산을 관리한다는 관점에서, 그리고 보다 큰 투자자산을 움직인다는 관점에서 보면 몇 가지 중요한 포인트들은 체크해 볼 필요가 있다.

주식투자에 있어 개별 주식보다는 어떤 산업이나 테마에 투자할 것인가를 먼저 판단하는 것처럼 펀드 선택에 있어서도 어떤 펀드 유형에 투자할 것인가를 먼저 선택해야 한다. 펀드 유형은 우선 투자 대상과 주식 비중 등에 따라 주식형, 주식혼합형, 채권혼합형, 채권형 등의 카테고리를 나누어 볼 수 있다. 그리고 주식형펀드 내에서도 편입 종목의 특성에 따라 성장형/가치형/혼합형 및 대형주/중형주/소형주 등에 따른 펀드스타일의 구분이 가능하다. 채권형 펀드 중에서도 보유 채권들의 평균 만기에 따라 장기형, 중기형, 단기형 및 신용등급상 저위험, 고위험 등급 등에 따른 펀드스타일의 분류가 가능하다.

이러한 펀드 유형의 결정 시 우선 투자자 개인의 투자 성향에 맞는 펀드 유형을 선택해야 한다. 투자자 성향은 통상 안정형, 안정추구형, 위험중립형, 적극투자형, 공격투자형 등 다섯 가지로 분류된다. 개인별로 이러한 투자 성향이 파악되면 투자할 펀드의 유형도 어느 정도 가늠이 가능해진다.

펀드 유형별 변동성과 기대수익률

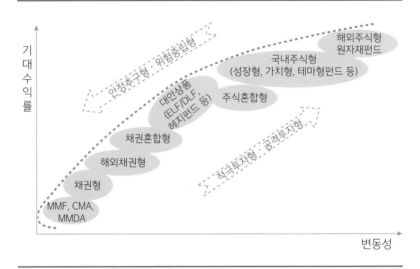

펀드의 유형들을 변동성과 기대수익률의 관점에서 재분류해 보면 [그림 4-8]과 같이 나타낼 수 있다. 따라서 안정추구형 또는 위험중립형 투자자라면 기대수익률을 낮춤으로써 변동성을 관리할 수 있는 채권형펀드와 채권혼합형펀드 등에 대한 투자가 가능하다. 적극투자형이나 공격투자형 투자자의 경우는 국내주식형펀드, 해외주식형펀드, 테마형펀드 등의 선택이 가능하다. 다만 이것은 절대적인 것이 아니며, 투자 목적에 따라 또는 장기 투자인가, 단기 투자인가 등에 따라 펀드 유형의 선택이 달라질 수 있다. 또한 펀드 유형별로 포트폴리오를 구성해 비중을 조절하는

방법 등 다양한 선택이 가능하다.

두번째, 각각의 재무목표에 맞는 펀드 유형을 선택할 필요가 있다. 재무목표는 목돈 만들기, 결혼자금, 주택마련, 자녀 학자금, 노후 자금 등 다양할 것이다. 각각의 투자 목적에 따라 투자 기간이 달라질 수 있으며 이에 따른 위험 노출도, 즉 수익률 하락 시 감내할 수 있는 리스크의 감내도를 사전에 정해 놓는 것이 필요하다. 예를 들어, 어린 자녀의 대학학자금 또는 20~30년 후를 대비하는 노후자금을 위한 투자라면 좀 더 적극적인 펀드 유형(국내외 주식형펀드, 주식혼합형펀드 등)에 투자가 가능할 것이다. 이에 비해 1~3년 사이 자금을 집행할 목적이 정해진 경우는 수익률의 변동성이 큰 상품보다는 안정성이 높은 펀드 유형(채권형펀드, 채권혼합형펀드 등)을 선택하는 것이 바람직하다.

펀드 선택 II: 내게 맞는 개별 펀드 선택 시 고려 사항

큰 틀에서 투자 성향과 투자 목적 등에 따라 펀드 유형과 펀드 스타일이 결정되었다면 해당 카테고리 내에서 개별 펀드를 선택하는 과정을 진행하면 된다. 국내 운용사들에서 운용하고 있는 펀드들의 숫자가 수천개에 달하다 보니 그 선택의 폭을 줄이는 것이 중요하다. 물론 실제 펀드를 선택할 때에는 금융기관에서 전문가의 상담을 통하거나 홈페이지 등에서 보여주는 추천펀드 중에서 선택하면 된다는 점에서 너무 복잡하게 접근할 필요는 없다. 다만 내가 직접 가입하고자 하는 펀드를 좀 더 분석해 보고 나에게 맞는 펀드를 선택하고자 한다면 다음과 같은 사항들을 체크해 볼 필요가 있다.

첫째, 펀드 자산운용회사의 강점과 개별 펀드의 핵심 운용 전략을 확인할 필요가 있다. 펀드를 운용하는 자산운용회사별로 강점을 가지는 분야들이 있다. 이는 자산운용사들의 성장 과정, 운용사의 운용 철학, 펀드 매니저의 구성 현황 등과도 맞물려 있다. 이 부분에 대하여 일반 투자자들의 접근이 어렵긴 하지만 운용사의 대표 펀드가 어떤 것인지를 파악하는 것으로도 가늠이 가능하다. 개별 펀드의 핵심 운용 전략은 투자 제안서나 투자 설명서를 통해 확인이 가능하다.

둘째, 개별 펀드의 자산 및 포트폴리오 구성 현황을 파악해 보는 것도 중요하다. 이것은 펀드 판매 회사나 운용사의 홈페이지 또는 MTS에서 펀드 검색을 통해서 확인할 수 있다. 이를 통해 내가 가입할 펀드가 어떤 자산에 얼마의 비중으로 투자하고 있는지를 파악하는 것은 중요한 과정 중에 하나이다. 간접 투자라는 것이 전문가가 알아서 투자를 해달라는 의미가 있기는 하지만 해당 펀드가 현재 투자철학에 맞게 잘 운용되고 있는가 또는 잘 운용될 것인가를 체크해 볼 필요가 있기 때문이다. 실제 펀드를 가입하게 되면 펀드를 판매한 금융기관이 가입한 핀드들의 운용 보고

서를 분기마다 투자자에게 제공해 주고 있다.

셋째, 개별 펀드의 중장기 운용성과를 확인하는 과정도 필요하다. 사실 이 부분은 대부분의 투자자들의 관심 사항이며, 수익률이 높은 펀드를 가입하고 싶어하기도 한다. 통상 6개월 이내 단기 성과보다는 1~3년간 장기적으로 안정적인 성과를 냈는지를 체크해 보는 것이 바람직하다. 하지만 이 부분을 세 번째로 언급하는 이유는 개별 펀드의 핵심 운용 전략이 무엇이고, 자산 구성 현황이 어떻게 되어 있는가가 과거 성과보다 중요하기 때문이다. 즉 과거 성과를 확인한다는 것은 과거의 현상이지 이것이 지속될 것이라고 과신하여서는 안되기 때문이다. 이와 함께 같은 펀드 유형내에서 상대적인 성과를 비교하는 것도 좋은 방법이다. 펀드 유형에 따라 투자시장의 국면별로 유사한 성과를 나타낼 가능성이 많으므로 그 중에서도 우수한 성과를 달성하고 있는 펀드가 향후에도 상대적 우위를 보일 가능성이 크다고 할 수 있다.

넷째, 펀드의 보수, 수수료, 환매 가능일, 환매 제한 여부 등 펀드의 개요를 확인하여야 한다. 펀드는 클래스(Class)별로 설정하도록 되어 있다. 펀드 클래스란 동일한 이름으로 운용되는 펀드의 운용수익률은 동일하나 A형, C형 등으로 클래스를 나누어 펀드보수와 판매수수료를 차등하여 부과하는 것을 말한다. 투자자의 니즈에 따라 이를 선택할 수 있는 것이다. 통상 A형은 선취수수료가 있는 펀드이며 대신 판매보수(판매회사가 수취하는 비용)는 낮게 책정된다. 이에 비해 C형은 선취수수료가 없는 대신에 판매보수가 A형보다 높게 책정된다. 이에 따라 장기(펀드마다 차이가 있으나 통상 1년 6개월 이상)로 투자하는 경우 A형이 유리하며, 단기로 운용할 경우 C형이 수수료 관점에서 유리할 수 있다. 인터넷으로 직접 펀드를 가입하는 경우는 e클래스 선택 시 총보수가 낮게 부과된다.

한편 MMF형 펀드를 제외하고 대부분의 펀드는 3~10일 정도로 환매 대금 지급일의 차이가 있다. 자금을 쓸 일정이 있을 때 환매 대금 지급일을 착오하여 낭패를 보는 경우도 있다. 부동산펀드 등 투자 기간이 장기로 정해져 있는 경우는 투자 기간 동안 환매가 금지되기도 하고, 통상 공모주하이일드펀드의 경우 공모주 우선 배정 혜택이 있어 90일이내에 환매하게 되면 환매수수료가 부과된다. 환매수수료는 수익이 발생했을 때 일정 기간이 경과하지 않으면 수익금의 일부를 펀드에 반납하는 수수료이다.

다섯째, 펀드의 운용 규모, 펀드 자금 흐름 등 해당 펀드의 현황을 파악하는 것도 고려할 필요가 있다. 주식형펀드의 경우 통상적으로 펀드 운용 규모가 너무 커지면 시장 수익률과 비슷해지는 경향이 있고, 펀드 운용 규모가 너무 작은 경우는 신생펀드이거나 인기가 없어 환매가 많았던 펀드일 가능성이 높다. 따라서 일정 규모 이상의 펀드 설정고를 유지하고 있는 펀드가 유리할 수 있다. 이와 함께 해당 펀드로 투자 자금이 유입되고 있는

지, 유출되고 있는지를 파악하는 것도 펀드 선택의 좋은 방법이 될 수 있다. 투자 자금이 유입되는 펀드가 투자 자금이 유출되는 펀드보다 수익률이 우수할 가능성이 높기 때문이다.

여섯째, 펀드의 운용 성과를 나타내는 보조지표도 비슷한 유형의 펀드를 비교할 때 유용한 판단의 기준이 될 수 있다. 펀드를 비교하는 평가지표 중 가장 많이 쓰이는 것이 샤프비율(sharpe ratio)이다. 샤프비율은 펀드의 단위 위험에 대한 초과 수익의 정도, 즉 일정 기간 동안의 펀드 성과를 펀드 수익률의 변동성 수치로 나눈 것을 말한다. 이는 펀드가 수익을 내더라도 변동성을 얼마나 잘 관리하면서 수익을 달성하였는가를 나타내는 지표이다. 이외에도 벤치마크지수 대비 펀드의 수익률을 비교함으로써 펀드매니저의 운용 능력을 평가하는 젠센의 알파가 있고, 트레이너지수, 정보비율 등의 평가지표가 있다.

실제 개별 펀드 선택에 대한 최종 결정은 각자 하여야 되겠지만 위와 같은 모든 과정을 혼자 진행해야 하는 것은 아니다. 통상 금융기관들에서는 완전판매 프로세스라는 정해진 절차에 따라 투자전문가가 체계적인 상담을 진행하고 있으며, 홈페이지와 MTS를 통해서도 각 금융기관에서 사전적인 분석을 통하여 유형별로 유망한 펀드들을 선별하여 제공하고 있기 때문이다.

ETF를 활용한 다양한 투자 전략

2020년 코로나19에 따른 주식시장 급락과 급등 과정에서 주식 직접 투자가 활성화된 것과 함께 관심이 높아진 것이 ETF(상장지수펀드)이다. ETF는 펀드와 주식의 특성을 함께 가지고 있을 뿐만 아니라 투자 유형이 다양화되면서 ETF에 대한 투자자들의 수요가 크게 증가하였다. 실제 코로나발생 이전인 2018년~2019년까지 개인투자자들의 ETF 누적 순매수 규모는 2조원에도 미치지 못하였다. 하지만 2020년~2022년까지 3년동안 개인투자자가 순매수한 ETF 규모는 21조원에 육박할 정도로 큰 관심을 받아왔다. 사실상 주식형펀드 시장을 대체하였다고 하여도 과언이 아닐 것이다.

그림 4-9 개인투자자의 ETF 누적 순매수 금액 추이

자료: KRX

ETF란 Exchange Trade Fund, 즉 상장지수펀드를 말한다. 각종 기준 지수 또는 테마에 따라 인덱스 형태로 만들어진 펀드를 증권거래소에 상장시켜서 투자자들이 주식처럼 편리하게 거래할 수 있도록 만든 상품이다. 따라서 ETF는 다음과 같은 특징을 가지고 있다. 우선 펀드와 마찬가지로 하나의 ETF를 보유함으로써 관련된 주식 종목들에 대한 분산 투자가 가능하다. ETF는 일반펀드와 비교하여 펀드 보수가 작으며, 거래 시 증권거래세가 면제되어 비용면에서 유리하다. 그리고 특정 아이템을 정하여 인덱스펀드화 함으로써 펀드매니저의 자의적인 판단보다는 벤치마크가 되는 지수 또는 테마를 최대한 정확하게 추종하고자 하는 상품이다. 실제 ETF는 보유 종목과 비중을 공개함으로 투명하게 각 ETF의 성과를 추적해 볼 수 있다.

이와 함께 주식이 가지는 특징을 가지고 있다. ETF는 증권거래소에 상장되어 있어 주식처럼 증권거래소의 개장 시간에 증권회사의 거래시스템을 통하여 언제든 실시간 매매거래가 가능하다. 이에 따라 일반 펀드가 가지는 환매 기간의 제약을 극복해 줄수 있어 환금성이 높다. 특히 해외 주식형펀드의 경우 환매 기간이 6~10일까지 걸리는 것을 감안하면 빠른 매수와 매도가 가능한 것이다.

한편 국내외 지수를 추종하는 ETF 이외에도 각종 테마형, 채권형, 유가, 환율, 인버스, 레버리지 등의 ETF가 다양하게 상장되어 있어 각각 선호가 다른 투자자들의 관심을 받고 있는 것이다. 운용회사들도 이러한 니즈에 부응하여 다양한 형태의 ETF를 계속적으로 출시하고 있다. 이에 따라 ETF를 활용하여 다양한 이슈에 빠르게 대응하는 것이 가능해졌다. 특히 적은 금액으로 각종 지수, 원자재 가격, 채권 등에 분산 투자가 가능하다는 것이 ETF의 매력이다.

ETF의 투자유형이 다양하고 종류도 많아 초보 투자자의 경우 ETF를 선별하는 기준부터 잡을 필요가 있다. ETF 종목명에는 운용사의 브랜드와 해당 종목의 특징이 명기되어 있다. 따라서 투자하고자 하는 스타일이나 키워드를 ETF 종목 검색창에서 조회하면 된다.

개별 ETF의 선택 시 우선적으로 고려해야 할 점은 현재 경제 및 증시 상황에서 어떠한 유형의 ETF가 유망할 것인가이다. 또한 현재 시장에서 관심을 받고 있는 ETF를 선별하는 것이 필요하다. 이를 위하여 거래량이 상대적으로 많은 ETF 위주로 주요 ETF들의 특징을 살펴보도록 하겠다.

첫째로 가장 많이 투자되는 ETF는 KOSPI200지수를 추종하는 ETF들이다. KOSPI200지수를 추종하는 ETF는 거래량도 가장 많다. 이는 개인 투자자의 수요뿐만 아니라 기관 투자자들이 ETF를 활용하여 인덱스에 대한 투자 비중을 조절하거나 차익거래 등을 목적으로 하는 거래를 많이 하기 때문이다. 개인투자자의 입장에서도 개별 종목을 거래하면서 주식시장 전체를 추종하는 대표 ETF를 편입함으로써 분산 투자 효과를 높일 수 있다.

둘째, 인버스 ETF이다. 인버스 ETF는 KOSPI200지수 등이 떨어질 때 수익이 나는 ETF이다. 현재 주식을 편입하고 있는 상황에서 보유한 주식을 매도하기보다 인버스 ETF를 편입함으로써 주식시장의 하락 리스크를 방어하고자 하는 전략으로 주로 사용된다. 이처럼 인버스 ETF는 포트폴리오의 헤지 목적으로 사용하는 것이 기본적인 전략이다. 이에 따라 주식시장의 하락이 전망될 때 인버스 ETF의 거래량이 증가하는 경향이 있다. 또한 지수의 하락에 베팅하는 단기거래도 인버스 ETF에 대한 수요 증가의 요인이 된다. 한 가지 생각해야 할 것은 장기적인 관점에서 국내외 주식시장이 상승추세를 보여왔으며 향후에도 그럴 가능성이 크다면 인버스 ETF는 헤지의 목적으로 투자하더라도 보유 기간을 길게 가져가면 안될 것이다.

셋째, 레버리지 ETF이다. 레버리지 ETF의 경우는 통상 KOSPI 200지수의 일간 등락률보다 2배로 움직이도록 설계되어 변동성을 활용한 전략을 쓰고자 하는 투자자들의 거래가 집중되는 경향이 있다. 특히 인버스 ETF보다 2배로 움직이는 곱버스(2X 인버스)ETF의 경우 주식시장이 하락을 보이는 과정에서 거래량이 크게 증가한다. 레버리지 ETF의 경우 주식시장의 방향성을 예측하는 단기 매매 수요를 자극하고 있으나, 단기 시장 전망이 신의 영역이라는 말이 있듯이 이와 같이 변동성이 큰 매매전략은 자제하는 것이 바람직하다.

넷째, 업종 및 테마형 ETF들이 다양하게 상장되어 있다. 반도체, 2차전지, 바이오, 은행 등 업종별 대표주들을 ETF를 활용하여 분산 투자할 수 있다. 테마별로는 메타버스, 엔터테인먼트, 미디어콘텐츠, 레저, 친환경에너지, 수소경제테마 등 다양한 테마종목들을 ETF를 통하여 분산 투자할 수 있다. 이러한 ETF들은 해당 업종이나 테마가 시장에서 인기를 끌 때에는 거래량이 크게 증가하지만 주가가 조정을 보이면서 소외를 받게 되면 거래량이 크게 감소하는 현상이 나타난다. 또한 여러 운용사에서 비슷한 유형의 ETF를 상장한 경우 거래량이 많은 ETF에 더 관심이 높아지는 경향이 있으며, 투자자의 입장에서도 거래량이 활발하여 호가 공백이 적은 ETF가 유리할 수 있다. 다만 ETF에 편입된 주식 종목들이 내가 선호하는 종목들인가를 먼저 비교해 볼 필요가 있다.

다섯째, 해외투자 ETF는 해외에 상장되어 있는 주식을 편입하거나 해외ETF를 복제하여 만들어지며, 다양한 종류의 ETF가 상장되어 있다. 미국S&P500, 나스닥100, 중국A주지수, 홍콩H지수, 베트남, 선진국지수, 이머징지수 등 각종 지수를 추종하는 해외투자 ETF들이 다수 상장되어 있다. 미국테크TOP10, 필라델피아반도체지수, 미국클린에너지나스닥, 미국친환경그린테마, 글로벌수소 & 차세대 연료전지, 차이나전기차, 미국스마트모빌리티, 차이

나바이오 등 다양한 테마형 해외투자 ETF들도 거래가 가능하다.

여섯째, 채권형 ETF들이 다양한 형태로 상장되어 있다. 국고채10, 단기채권, 통안채, 장기채권, 국공채, 물가채 등 다양한 채권에 투자하는 ETF들이 있다. 국고채3년 인버스 등을 통해 금리 방향성에 대한 헤지가 가능한 ETF가 있는가 하면 미국투자급등회사채, 아시아달러채권 등 해외투자 채권형 ETF들도 상장되어 있다. 2022년 시장금리가 급등함에 따라 장기채에 대한 수요가 늘어나면서 장기채의 만기매칭형 ETF가 신규로 설정되는 등 채권형 ETF를 활용한 채권투자 전략도 다양해지고 있다.

이외에도 원자재를 비롯한 실물자산에 투자하는 ETF들이 상장되어 있다. 금, 원유, 천연가스 등 원자재와 옥수수, 밀, 커피 등 농산물에 투자하는 ETF들이 다수 거래되고 있다. 또한 고배당 저변동성, TDF 등 복합적인 투자전략을 실행할 수 있는 유형의 ETF들에 대한 거래가 가능하다.

한편 해외에 상장되어 있는 ETF의 경우는 훨씬 더 다양한 유형의 ETF들이 있다. 오랜 역사를 가진 블랙록, 뱅가드, Invesco 등의 해외 대형운용사들은 각종 지수뿐만 아니라 각종 테마들에 대한 ETF를 출시하고 있다. [표 4-1] 해외ETF 운용사별 Over-view는 미국 ETF시장에서 대형 운용회사들의 대표적인 ETF들을 소개한 것이다. [표 4-2]와 같이 미국에 상장된 테마형 ETF들을 활용하는 투자도 가능하다.

표 4-1 해외ETF 운용사별 Overview

운용사명	주요 특징	대표 ETF	
		티커	ETF명
iShares(블랙록)	세계 최대 자산운용사	IVV	iShares Core S&P 500 ETF
Vanguard	월가의 성인이라고 불리는 존 보글이 설립한 운용사	VTI	Vanguard Total Stock Market ETF
State Street SPDR	S&P500을 추종하는 ETF인 SPY를 최초로 출시한 운용사	SPY	SPDR S&P 500 ETF
Invesco	세계적인 독자적 자산운용 회사	QQQ	Invesco QQQ
ARK Investment Management	액티브 및 성장형 ETF 운용사	ARKK	ARK Innovation ETF

표 4-2 미국에 상장된 테마별 대표 ETF

테마	ETF	테마	ETF
ESG	ESGU, SUSA	인공지능	AIQ, ARKQ
제약/바이오	XLV, VHT	로봇	ARKQ, BOTZ
클린에너지	PBW, QCLN	사이버 보안	CIBR, HACK
5G	FIVG, NXTG	클라우드 컴퓨팅	SKYY, CLOU
반도체	SOXX, SMH	우주항공	ITA, XAR
핀테크	FINX, ARKF	자율주행, 전기차	IDRV, DRIV

이와 같은 ETF를 투자할 때 유의점을 살펴보자. 첫째, 해당 ETF의 편입 내역을 확인하여 ETF의 구성 종목들이 내가 투자하고자 하는 포트폴리오와 적합한지를 살펴볼 필요가 있다. ETF의 상품명에도 불구하고 편입 종목에 있어서 원하지 않는 종목이 편입될 수 있으며, 내가 투자하고 싶은 종목들의 편입 비중이 기대보다 낮을 수 있기 때문이다. ETF 운용사들의 공시를 통해 편입 종목과 비중 등을 확인할 수 있다.

둘째, 실제 거래 시 거래량과 호가 공백 등을 체크할 필요가 있다. 유동성 공급자가 있기는 하지만 투자자들의 관심이 적은 ETF의 경우 호가 공백이 발생할 수 있으며, 이에 따른 체결 가격에 주의할 필요가 있다. 기초 자산의 가격을 벤치마크하기 때문에 해당 ETF가 추종하는 지수와 높은 상관관계를 가지면서 움직이겠지만, 거래량이 적다는 것은 투자자들의 관심에서도 멀어져 있는 경우가 많다.

셋째, 국내에 상장된 해외투자 ETF의 경우 수익에 대하여 배당소득으로 과세된다. 이에 따라 해외투자 ETF에서 발생한 수익이 클 경우 금융소득 종합과세의 대상자가 될 수 있음을 유의할 필요가 있다. 따라서 국내 상장된 해외투자 ETF를 거래할 때에는 연금저축이나 IRP, 퇴직연금 DC형, ISA 계좌를 활용하여 투자하는 것이 세금 측면에서 절세 효과가 크다.

넷째, 해외에 상장된 ETF의 경우 해외 주식과 마찬가지로 차익 발생 부분에 대하여 양도소득세가 부과된다. 따라서 양도소득세 부과 시 250만원까지는 기본공제가 된다는 점, 가족 명의로 해외ETF(해외주식 포함)에 투자하여 양도소득이 연간 100만원 이상 발생하게 되면 연말정산 시에 인적공제 대상에서 제외되는 점 등을 고려할 필요가 있다. 또한 양도소득세의 경우 당해년도에 발생한 손실과 수익이 통산되는 점을 고려하여 연내에 손익을 상계하는 매매를 통하여 양도소득세의 과표를 줄이는 전략이 필요할 수 있다.

다섯째, ETF가 펀드를 주식처럼 실시간 매매가 가능하다는 것은 오히려 잦은 매매 욕구를 자극할 수 있다는 점에서 단점이 될 수도 있다. 개별 주식 직접 투자가 가지는 심리적 한계는 ETF에서도 적용될 수 있기 때문이다. 즉 ETF가 종목 분산 투자를 가능하게 할 수는 있으나 언제나 매매가 가능하여 장기투자를 저해할 수 있다. 따라서 ETF 자체를 분산 투자하여 포트폴리오로 구축하여 장기로 보유하는 습관을 들이거나, 차라리 환매에 제약이 있는 비슷한 유형의 펀드를 선택하는 방안도 모색할 필요가 있다. 사실상 ETF로 상장되어 있는 다양한 지수나 테마에 대한 투자가 상당 부분 일반펀드에서도 가능하기 때문이다.

한편 EMP(ETF Managed Portfolio) 펀드를 활용함으로써 전문 운용회사가 ETF에 대한 분산 투자를 해주는 간접 투자를 할 수도 있다. EMP펀드는 체계적인 자산배분전략을 수립하여 한 개의 펀드에서 주식, 채권, 부동산, 인프라 등 여러 가지 유형의 ETF에 분산 투자를 진행하는 것이 특징이다. 통상 EMP 펀드들은 다양한 자산에 분산 투자를 진행함으로써 포트폴리오의 변동성을 관리하면서 안정적인 수익 실현을 목표로 하는 경우가 많다. EMP펀드들도 투자에 대한 콘셉트가 펀드마다 다르므로 나에게 맞는 EMP펀드를 선택하는 것이 중요하다.

랩어카운트, 맞춤형 관리와 투명성에서 차별화

랩어카운트를 활용한 투자에 대하여 살펴보도록 하겠다. 랩어카운트란 포장하다는 의미의 wrap과 계좌라는 account의 합성어이다. 즉 여러 가지의 자산을 랩으로 싸서 한 계좌에서 관리해 주는 종합자산관리계좌를 랩어카운트라고 한다. 실무적으로 보면, 랩어카운트는 증권회사가 랩계약을 통하여 고객의 투자 성향과 니즈에 맞도록 고객의 자산을 주식, 채권 등으로 운용해 주는 일임계약 서비스를 말한다.

앞서 살펴보았던 펀드와 랩어카운트는 자격이 있는 전문가에게 맡겨서 투자를 진행하며, 이에 따른 손익이 투자자에게 귀속된다는 점에서는 유사하다. 차이점을 살펴보면, 펀드는 집합투자기구라고 하여 여러 투자자들의 자금을 모아서 일괄적으로 투자를 진행하는 형태이지만, 랩어카운트는 고객별로 맞춤형의 관리가 된다는 점에서 차이가 있다. 이에 따라 펀드는 분기 단위로 운용보고서를 통하여 편입 종목의 확인이 가능하나 랩어카운트의 경우 현재 내 계좌에서 보유하고 있는 포트폴리오 현황을 언제든지 직접 확인할 수 있다. 한편 랩어카운트는 상대적으로 편입 종목수가 적은 압축형 포트폴리오로 운용되는 경우가 많다. 이에 따라 주식형펀드에 비해 수익률의 변동성이 다소 클 수 있다.

랩어카운트는 증권회사마다 다양한 형태의 상품들이 출시되어 있으며, 크게 분류하면 자체 운용형랩과 자문형랩으로 분류할 수 있다. 자체 운용형랩의 경우 각 증권회사의 리서치센터에서 제공하는 모델 포트폴리오 등을 기반으로 랩 운용매니저가 종목 선정과 비중을 결정하는 프로세스로 운용되는 랩이다. 자문형랩의 경우 별도의 투자자문회사가 자문하는 모델 포트폴리오 전략을 증권회사의 랩 운용매니저가 받아서 주식 등에 투자하는 형태이다. 통상 자문회사에 직접 일임 계약을 체결할 때 최소 계약금액이 1~5억원으로 큰 데 비해 자문형 랩어카운트는 최소 가입금액이 통상 3천만원 정도로 우수 자문회사의 강점을 활용하면서 가입 금액을 낮출 수 있는 것이 장점이다.

랩어카운트의 경우도 투자자들의 니즈가 변화하고 시장 상황이 바뀜에 따라 다양한 상품 유형으로 진화하고 있다. 해외주식 투자가 활성화되면서 해외주식을 전문적으로 투자해 주는 해외주식형랩이 다양한 스타일로 만들어지고 있다. 해외주식형랩의 경우는 해외 유명 자문회사의 자문을 받아 진행하는 경우도 있다. ETF 투자가 인기를 끌면서 국내외의 유망 ETF를 투자하는 ETF투자형 랩이 다수 설정되기도 하였다.

따라서 간접 투자를 모색하는 경우 펀드 투자가 가지는 단점을 보완하고, 내 계좌에서 투자된 포트폴리오를 실시간으로 확인 가능하며, 압축형 포트폴리오로 변동성이 클 수 있지만 주식시장의 상승기에 기대수익률을 높일 수 있는 랩어카운트를 활용하는 것도 투자 방안이 될 수 있다.

자문회사의 일임형 자문계약을 활용한 투자 기회

투자자산의 규모가 커지고 직접 주식을 투자하기보다 나의 계좌를 믿을 만한 전문가가 투자해주기를 바라는 단계가 되면 자문회사를 활용한 일임계약을 고려해 볼 필요가 있다. 자문회사의 일임형 자문계약이란 자문회사와 주식을 일임하여 운용하는 계약을 체결하여 증권회사에 있는 나의 계좌를 매매하도록 하는 투자형태이다.

이러한 운용을 진행하는 일임형 자문 라이선스가 있는 자문회사는 통상 운용회사에서 오랜 경력을 가진 펀드매니저 출신이나 리서치센터 애널리스트 출신들이 설립하는 경우가 많다. 또는 대학 주식 동아리 출신, 재야의 고수 등도 주식 투자의 노하우를 축적하면서 성과를 낸 기록과 자산운용전문인력 자격을 가지고 자문회사를 설립한 경우도 있다. 증권회사들은 이러한 자문회사의 운용 경력, 운용 철학, 투자 성과, 운용 규모 등을 고려하여 일임형 자문계약이 가능한 자문회사들을 선별하여 일임형 자문계약이 가능하도록 서비스를 제공한다. 일임형 자문계약의 체결 프로세스는 기본적으로 증권회사에 주식거래 계좌를 개설하고, 투자자는 자문회사와 일임형 자문계약을 체결하게 된다. 이에 따라 자문회사는 투자자의 주문대리인이 되어 투자자의 주식계좌에 대한 주식 거래를 실행하는 것이다. 따라서 투자자는 내 계좌가 어떻게 운용되고 있는지를 실시간으로 확인할 수 있다.

자문회사들의 중흥기는 2008년 글로벌 금융위기 이후인 2009년~2011년 사이였다. 당시 주식시장이 금융위기이후 급반등하는 과정에서 지수 상승을 주도하였던 업종이나 종목에 대한 쏠림현상이 나타났다. 차화정(자동차, 화학, 정유업종)과 7공주(주도주 7개 종목) 같은 신조어가 이때 만들어진 것이다. 자문회사들의 포트폴리오는 일반적으로 주식형펀드보다는 보유 종목수가 적은 것이 특징이었다. 이에 따라 당시 주도종목에 대한 압축 포트폴리오 전략을 사용했던 자문사들의 성과가 탁월하였으며, 이러한 자문회사에 대한 선호도가 증가하면서 많은 자문회사가 만들어지는 계기가 되었다. 한때 여의도에서 가장 많이 찾는 절이 "자문사"라는 속설이 돌기도 하였다. 하지만 과열 양상을 보였던 차화정, 7공주 종목들이 조정을 보이고 주식시장도 장기 횡보국면에 진입하면서 일부 자문회사들이 문을 닫거나 자산이 감소하는 시련의 시기를 거쳤다. 이러한 관점에서 보면 오랜 트랙레코드를 가지면서 살아남아 있는 자문회사들은 그만큼 많은 노하우가 축적되어 있는 것으로 평가될 수 있을 것이다.

일임형 자문계약을 체결하고자 하는 경우 자문회사의 운용 철학과 투자 성과 등에 대한 분석을 통하여 자문사를 선정하는 과정이 진행되어야 할 것이다. 최소 가입금액이 자문회사별로 차이가 있으며 최소 1억원에서 5억원까지 다양하여 가입금액에 제약이 있는 점은 단점이다. 이에 대한 대안이 앞서 살펴보았던 증권회사의 자문형 랩어카운트를 활용하는 방안이다.

투자의 전문가가 직접 되기 보다 다양한 간접 투자 수단 활용

앞서 주식 직접 투자부터 펀드를 비롯한 다양한 투자상품과 투자전략 등에 대한 핵심적인 사항들을 살펴보았다. 투자자들의 경험 수준에 따라 받아들이는 정도가 다를 것으로 생각되나 이러한 내용들은 투자를 통해 자신의 자산을 키우고 관리하고자 한다면 어느 정도는 숙지하고 있어야 하는 부분들이다. 물론 주식 직접 투자만으로 큰 부를 만들어낸 경우도 있지만, 커진 부를 계속적으로 변동성이 큰 주식에 올인하여 투자할 것인가에 대해서는 생각해 볼 필요가 있다. 또한 주식 직접 투자가 나의 투자 성향이나 투자 환경에 맞지 않는다면 펀드를 비롯한 다양한 간접 투자 수단을 활용할 필요가 있다.

여기서 또 하나 중요한 것은 앞서 살펴보았듯이 본업에 충실하는 것이 더 큰 부를 가져올 수 있다는 점이다. 즉 직장을 다니거나 직접 사업을 하고 있으며, 발전 가능성이 높은 직업이나 사업이라면 그 본업에 충실하는 것이 더욱 중요하다. 한편 나의 자산현황이 어떤 상황에 있으며, 향후 금융시장의 전망에 따라 어떤 변화를 주어야 할 것인지에 대한 모니터링 과정이 필요하다. 따라서 이러한 사항들을 금융기관의 전문가들에게 상의하는 방안도 고려할 필요가 있다.

예를 들어, 남이 하니까 하는 투자는 엔진 없는 돛단배와 같다. 바람이 부는 대로 쓸려갈 가능성이 높아지는 것이다. 한 단계 나아가 스스로 공부하는 투자는 엔진을 달은 요트와 같다. 적어도 나의 기준이 있기에 어느 방향으로 가야 하는지를 알고 있다는 의미이다. 투자에 대한 공부를 많이 할수록 배가 커져서 높은 파도를 잘 헤쳐 나갈 수 있을 것이다. 그렇다 하더라도 쓰나미와 같은 대형 파도에 휩쓸릴 수 있는 것이 금융시장이라는 것을 유념할 필요가 있다.

다른 각도에서 바라볼 때, 요트를 계속해서 내가 직접 운전할 것인가 아니면 경험이 풍부한 베테랑 선장이 운행하는 크루즈선에 올라탈 것인가에 대한 고민도 해 봐야 한다. 베테랑도 불가피한 경우에 사고가 발생하는 경우가 있으나 전문적인 시스템이 사고를 미리 예방해 주기도 하고, 오랜 경험을 바탕으로 각종 위기 상황에 대한 대처가 가능하다는 점에서 크루즈선을 탑승하는 것이 더 안전하고 마음 편하게 목적지에 도달할 가능성을 높일 것이다.

증권회사나 운용회사 등 금융기관들은 리서치팀, 상품전략팀 등의 체계적인 분석에 기초하여 시장을 판단하고, 국내외 투자기관들의 다양한 정보를 공유하면서 향후 투자전략에 대한 방향을 제시한다는 점에서 크루즈선에 비유할 수 있을 것이다. 따라서 이러한 금융기관의 전문가들에게 투자 조언을 받거나 간접 투자 상품을 활용한다면 투자의 성공 가능성이 조금 더 높아질 것이다.

3장
중위험·중수익 추구의 대안투자 상품을 활용한 자산관리

　　앞서 살펴본 주식형펀드, 랩어카운트 등은 주식 직접 투자를 대체할 수 있는 주식에 대한 간접 투자 상품들이었다. 이제부터는 주식시장의 방향성에 포커스를 맞추기보다 주식시장의 하락 리스크를 방어하면서 예금금리보다 높은 수익률의 달성을 추구하는 전략에 대하여 살펴보도록 하겠다. 이러한 투자전략을 추구하는 것이 중위험·중수익 상품 또는 대안투자 상품들이다. 즉 안정성과 수익성을 동시에 추구하고자 하는 니즈에 부합하는 상품들에 대하여 공부할 필요가 있다.

　　장기적으로 안정적인 투자 성과를 실현하기 위해서는 수익률의 변동성을 관리해야 한다는 점을 여러 차례 강조한 바 있다. 또한 보유 자산의 규모가 커질수록 이와 같은 중위험·중수익 상품 또는 대안투자 상품에 대한 비중을 확대해 나가는 것이 바람직하다. 따라서 자산이 적더라도 이와 같은 유형의 상품들을 투자해 봄으로써 다양한 투자 경험을 쌓을 필요가 있다. 이와 함께 주식에 대한 직접 투자가 부담스러운 투자자들은 이러한 상품들에 대한 분산 투자 전략을 고려해 볼 수 있을 것이다.

여기서 대안투자(Alternative Investments) 상품에 대한 개념부터 정리해 보도록 하겠다. 대안투자 상품은 기본적으로 전통적인 투자자산 이외의 자산 또는 투자전략을 활용하는 금융상품들을 통칭하는 것으로 볼 수 있다. 여기서 전통적인 투자자산은 주식과 채권 및 이에 대해 간접 투자하는 주식형펀드, 채권형펀드, 주식혼합형펀드 등을 의미한다. 이에 비해 대안투자 상품은 이와 같은 전통적인 투자 방법을 제외한 여타의 자산 또는 전략에 투자하는 것을 말한다.

대안투자 상품들은 다시 전통형 대안투자 상품과 현대의 대안투자 상품으로 나누어 볼 수 있다. 전통형 대안투자 상품에는 부동산펀드, 특별자산펀드, 실물자산펀드, PEF(사모투자 펀드) 등이 있다. 이러한 상품들이 대안투자 시장의 중심축이기는 하지만 현대로 접어들수록 파생연계상품, 구조화펀드, 헤지펀드 등과 같은 새로운 대안투자 상품들로 선택의 폭이 넓어지고 있다. 이처럼 대안투자 시장이 지속적으로 확장되고 있는 배경은 전통적인 투자자산의 높은 변동성이나 부진한 수익률로 인하여 투자 심리가 위축되고 있는데다 보다 안정적으로 목표 수익을 달성하고자 하는 투자자들의 니즈가 증가하고 있기 때문이라고 생각된다.

그림 4-10 전통형 투자 상품과 대안투자 상품 분류

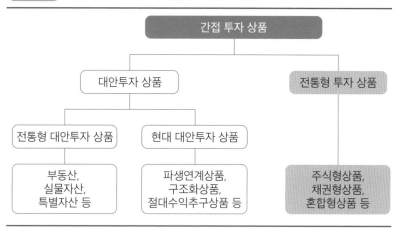

부동산펀드 등 전통형 대안투자 상품은 기초자산에 대한 이해 중요

전통형 대안투자 상품들을 간단히 살펴보도록 하겠다. 먼저 부동산펀드의 경우 부동산을 매입하여 매각 차익을 추구하거나, 임대 수익의 수취 또는 부동산을 담보로 하는 대출채권의 편입 등을 통하여 시장금리를 상회하는 안정적인 수익을 향유하고자

하는 펀드 형태이다. 부동산펀드의 경우 소액으로도 부동산 관련 시장에 투자하면서 비교적 고수익을 낼 수 있다는 장점이 있는 반면, 투자 기간이 장기이며, 환매에 제한이 있는 경우가 많아 불확실성에 노출될 수 있는 점 등은 단점이다. 따라서 부동산펀드의 경우 대상 부동산의 가치 변화 가능성, 담보 부동산의 안전성, 만기 청산 시 회수 가능성 등 대상 부동산펀드의 세부 현황에 대한 파악이 중요하다.

부동산 펀드와 같은 영역으로 리츠를 함께 볼 필요가 있다. 리츠(REITs)는 'Real Estate Investment Trusts'의 약자로 부동산투자신탁을 말한다. 리츠는 설립형태에 따라 회사형과 신탁형으로 구분되는데, 통상 회사형으로 설립되며 투자자들의 자금을 모아 펀드를 설정하고 이에 대한 주식을 발행하는 형태이다. 투자자에게 일정기간 단위로 배당금을 지급하며 주식시장에 상장되어 주식처럼 사고 팔 수도 있다. 따라서 리츠는 투자기간이 장기라는 폐쇄형 부동산펀드의 단점을 보완했다는 것이 장점이 될 수 있다. 다만 주식시장과 채권시장 등 시장 동향에 따라 영향을 받으며 가격이 변동하기 때문에 시세 차익을 기대할 수도 있으나 평가 손실이 발생할 수 있는 점에 유의할 필요가 있다. 또한 상장되어 있더라도 거래량이 적은 경우 실제 거래가 어려울 수도 있다.

한편 특별자산펀드는 선박, 유전, 지식재산권, 예술품 등과 같은 특수한 자산에 투자하여 기초자산 또는 권리의 가치 변동에 따라 성과를 제공하는 펀드 유형이다. 특별자산펀드의 경우 투자 시장이 제한되어 있어 해당 상품이 가지는 가격 변동성 위험, 환금성 등 기초 자산의 특성에 대한 이해도가 중요하다고 하겠다. 항공기, 인프라 등에 투자하는 실물자산펀드는 특별자산펀드와 비슷한 특성을 가지나 실물을 주로 투자대상으로 한다는 점에서 차이가 있다. PEF(사모투자펀드)는 Private Equity Fund의 약자로 특정 기업에 대한 경영권 참여 등을 목적으로 투자를 진행하고, 구조조정 또는 지배구조 개편 등을 통하여 투자한 기업의 가치를 높이고 이에 따른 수익을 투자자들에게 배분하는 펀드를 의미한다. 여기서 말하는 사모투자펀드는 통상적으로 소수의 투자자로부터 사모방식으로 자금을 조성하여 주식, 채권 등을 운용하는 사모펀드와는 다른 의미이다.

ELS 등 파생연계상품으로 주가하락을 일부 방어하는 투자전략 가능

현대의 대안투자 상품은 앞서 살펴본 전통형 대안투자 상품들을 제외한 다양한 대안투자 상품 유형들을 포괄하는 개념으로 보면 된다. 컴퓨터 프로그램의 진화와 AI, 딥러닝 등장 등으로 더욱 진화한 대안투자 상품들이 개발될 것으로 기대된다. 이러한 대안투자 상품 중에서도 대중성이 있고 안정적인 성과를 추구하는 대표적인 상품 유형들을 살펴보도록 하겠다.

먼저 파생연계 구조화상품을 알아보자. 파생상품이란 주식, 금리, 통화 등 기초자산의 가격 변동에 따라 본 상품의 가격이 결정되는 금융상품을 말한다. 일반적으로 파생상품이라 하면 선물이나 옵션 등을 떠올리며 막연히 위험한 상품이라고 인식하는 경우가 있다. 하지만 파생상품은 근본적으로 기초가 되는 자산을 관리함에 있어서 위험을 줄이고자 하는 목적에서 시작된 것으로 볼 수 있다.

여기서는 파생연계 상품 중 대표적인 ELS에 대하여 핵심 사항들을 살펴보도록 하겠다. ELS(Equity Linked Securities)는 국내외의 주가지수나 개별 상품의 가격과 연계하여 기초자산의 가격 움직임에 따라 투자 수익률이 미리 결정되어 있는 파생상품이다. 즉 기초자산의 가격이 투자 기간에 따라 미리 정해진 조건을 충족할 경우 투자자에게 미리 정해진 일정한 수익률을 제공하는 상품이다. 이러한 ELS를 펀드로 만들어서 설정하는 경우를 파생연계펀드(ELF, Equity Linked Fund)라고 한다.

따라서 ELS는 다음과 같은 특징들을 가진다. 첫째, 주가지수가 일정수준 하락하더라도 미리 정해진 조건을 충족하면 비교적 높은 수익률을 달성할 수 있다. 예를 들어, KOSPI지수와 S&P500지수가 6개월간 10%, 1년내 20%, 2년내 30%, 3년내 45% 이상 하락하지 않으면 연6% 수익을 지급하는 등의 구조를 가지고 있다. 둘째, 통상 만기가 3년 정도이지만 조기 상환 조건에 따라 조기에 수익을 실현할 기회가 있으며, 투자기간이 길어져도 조건에만 충족한다면 정해진 수익을 달성할 수 있다. 셋째, 미리 정해진 조건이 충족되지 않아 주가지수 등이 일정 기준 가격 이하로 하락하게 되면 초기부터 기초자산에 투자했던 것과 같은 수준의 큰 폭의 손실이 발생할 수 있다. 이에 따라 통상의 ELS들은 만기가 길어질수록 큰 폭의 주가지수 하락에 대한 감내가 가능하도록 구조를 만드는 경우가 많다. 이를 스텝 다운(계단형) 방식이라고 한다. 또한 낙인(Knock-in)이 있는지도 중요하다. 낙인 가격이 있는 경우 한번이라도 터치하게 되면 손실 발생 가능성이 커지기 때문이다. 넷째, 중도 해지는 가능하나 중도 해지에 대한 패널티가 있어 기준이 되는 지수 등의 실제 거래가격보다 낮은 가격으로 환매 자금이 지급되게 된다. 다섯째, 과세에 있어 배당소득으로 과세된다는 점이다. 이에 따라 투자 금액이 클 경우 금융소득 종합과세의 대상에 해당될 가능성을 체크해 볼 필요가 있다.

ELS는 기초자산이 어떤 것이냐, 몇 개의 기초자산을 편입하느냐, 조기 상환 조건의 하락률을 얼마로 설정하느냐 등에 따라 기대수익률이 달라진다. 또한 원금 보장형, 원금 비보장형, 스텝 다운형, 얼리버드형, 리자드형 등 시장 상황에 따라 다양한 형태로 만들어지고 있다. 금융회사별로 매주 발행할 ELS를 미리 선정하고 일정한 모집 기간을 정하고 있으므로 상품설명서나 직원 문의 등을 통하여 선택 가능한 상품들의 특징을 파악해 보면 된다.

지금까지 살펴본 ELS의 특징들을 고려할 때 ELS는 은행 예금이나 채권 등의 안정적인 상품보다 투자에 따른 기대수익률은 높으면서 주식시장의 하락 리스크를 일부 줄이고자 하는 투자자들에게 적합할 수 있다. 투자 시점에 있어서는 기준이 되는 주가지수가 높을 때보다는 낮을 때가 유리하며, 기초가 되는 자산의 변동성이 클 때 ELS의 기대수익률도 높아진다는 점을 고려할 필요가 있다. 또한 기초자산의 가격이 큰 폭으로 하락하여 만기일까지 기준지수를 회복하지 못할 경우 큰 폭의 손실이 발생할 수 있다는 점을 유의할 필요가 있다

공모주하이일드펀드, 메자닌펀드 등 대안투자 상품의 선택폭 확대

중위험·중수익을 추구할 수 있는 대안투자 상품들은 주식시장 및 채권시장의 상황에 따라 다양한 니즈가 형성되고, 투자전략들도 진화하면서 다양한 상품들이 설정되고 있다. 여기서는 관심을 가져 볼 만한 공모주하이일드펀드, 메자닌펀드, 절대수익추구형펀드 등을 살펴보도록 하겠다.

첫째, 공모주하이일드펀드이다. 하이일드펀드는 일반적으로 BBB+등급 이하 회사채를 45% 이상 편입하고 이를 포함하여 국

내 채권에 60% 이상 투자하는 펀드를 말한다. 이렇게 하이일드 채권을 편입하게 되면 공모주 청약 시 5%의 우선배정 혜택이 주어지며, 2024년부터는 코스닥시장 공모주에 대한 우선배정 비율이 5%에서 10%로 상향 조정될 예정이다.

하이일드펀드는 BBB+급 이하의 비우량채권을 편입한다는 점에서 고수익·고위험펀드로 지칭하기도 하지만, 여기서 공모주하이일드펀드를 중수익·중위험의 상품유형으로 언급하는 이유는 하이일드펀드들의 전략에서 찾아야 할 것이다. 통상 공모형 하이일드펀드의 채권편입 전략은 상대적으로 우량한 하이일드채권에 대한 선별 투자와 함께 여러 종목에 분산 투자를 하는 것이다. 이처럼 하이일드채권을 분산 투자함으로써 혹시나 부도기업이 발생하더라도 나머지 종목의 채권이자로 일정 부분 손실을 커버할 수 있는 구조를 만드는 것이다. 또한 공모주 우선 배정에 따른 혜택이 비교적 크다. 공모주하이일드펀드는 공모주 우선 배정 물량의 5%를 하이일드펀드들끼리만 경쟁하여 배분되므로 상대적으로 일반 공모주펀드보다 공모주 배정을 더 많이 받을 수 있으며, 이에 따른 추가 수익이 펀드수익률의 하방 리스크를 방어해 줄 수 있는 것이다.

이에 더하여 일정한 요건을 갖춘 하이일드펀드는 2023년 6월 12일부터 2024년 12월 31일까지 가입하면 분리과세 혜택을 받을 수 있다. 1인당 펀드 가입액 3천만원을 한도로 가입일로부터 3년 동안 발생하는 이자소득 및 배당소득이 종합소득에 합산되지 않고 원천징수세율(14%, 지방세 포함 15.4%)을 적용하여 분리과세가 된다. 이에 따라 이자와 배당소득이 2,000만원이 넘는 금융소득 종합과세 대상자가 가입할 때 추가적인 혜택이 있으며, 분리과세 세제혜택을 받으려면 1년 이상 보유해야 한다.

둘째, 메자닌펀드이다. 메자닌펀드(Mezzanine Fund)는 일반적으로 채권과 주식의 성격이 혼합된 상품을 말한다. 메자닌이라는 용어는 건물의 층과 층 사이에 있는 중간층의 공간을 뜻하는 이탈리아의 건축 용어에서 인용된 것이다. 실제 상품화되는 메자닌펀드는 전환사채(CB), 신주인수권부사채(BW), 교환사채(EB) 등에 분산 투자하여 수익을 실현하는 펀드를 의미한다. 즉, 원금과 이자를 받을 수 있는 채권의 특성을 가지면서도 투자된 기업의 주가 상승 시 주식전환권이나 신주인수권 등의 권리를 행사하여 주식 투자의 장점도 누릴 수 있는 상품이다.

메자닌펀드들이 전환사채, 신주인수권부사채 등 주식 관련 채권에 투자한다는 점에서 펀드 운용에 있어서는 이와 같은 주식관련 채권의 소싱과 선별 능력이 중요하다. 이에 따라 메자닌펀드를 전문으로 하는 운용회사 펀드매니저들은 증권회사의 IB부문이나 관련 업계에 종사한 경우가 많다. 한편 주식관련 사채를 발행하는 상장회사들이 대형주보다는 중소형주의 비중이 크다는 점에서 이에 따른 리스크 관리가 필요하다. 따라서 통상 메자닌펀드들은 10개 이상의 메자닌 종목에 분산 투자함으로써 리스크를 관리한다. 한편 전환사채 등의 만기가 2년내외로 발행되는 경우가 많아 메자닌펀드는 주로 3년 만기로 설정되며, 사모펀드형태로 만들어지는 경우가 많고 최소 투자금액이 3억원으로 큰 경우가 대부분이다. 다만 일정한 요건이 충족되어 전문투자자로 등록하는 경우는 1억원부터 투자가 가능하다.

셋째, 절대수익추구형펀드이다. 절대수익추구형펀드는 말 그대로 주식시장의 등락에 관계없이 절대 수익을 달성하고자 하는 펀드 유형을 말한다. 즉 차익거래, 롱숏전략 등 다양한 전략을 사용하여 원금손실의 위험을 최소화하면서 안정적인 수익을 달성하는 것을 목표로 한다. 이러한 펀드들을 큰 틀에서 헤지펀드라고도 한다. 절대수익을 추구한다고 해서 항상 수익이 발생하는 것은 아니지만, 금융공학 기술의 발달과 함께 안정적인 수익을 추구하고자 하는 니즈가 많다는 점에서 관심을 가질 필요가 있다.

절대수익을 추구하는 펀드들의 전략들은 다양하며 이중 대표적인 몇 가지를 살펴보겠다. 먼저 차익거래 전략이다. 차익거래 전략은 주식 현물과 선물 간의 가격 차이, 지수 선물과 현물 간의 가격 차이 등 일시적인 가격의 불균형을 이용하여 수익을 거두고자 하는 전략이다. 펀드 자산의 대부분을 안정적인 채권에 투자하면서 나머지 자산은 선·현물에 대한 차익거래를 통해 수익 달성을 추구하는 경우가 많다. 다음으로 롱숏(Long-Short) 전략은 상대적으로 저평가된 주식을 사고(Long) 고평가된 주식을 팔아서 (Short) 수익을 쌓아가는 전략이다. 이벤트드리븐(Event-driven) 전략은 기업 주가에 영향을 미칠 수 있는 이벤트(M&A, 기업합병 등)를 미리 분석하여 예측 가능한 가격 변동을 활용하여 이익을 추구하는 전략이다.

CTA(Commodity Trade Advisor) 전략은 주요 상품 지수들을 대상으로 시스템트레이딩을 통하여 절대수익을 추구한다. 시스템트레이딩 전략은 컴퓨터 프로그래밍을 통하여 사전에 정해진 조건에 충족할 때 자동으로 주식 등을 매매하게 하는 기법이다. 이를 알고리즘 매매라고도 하며, 이러한 알고리즘은 과거 주로 기술적 분석 지표에 의존하였다면 최근에는 뉴스플로어를 반영한 시스템매매로 진화하고 있다. 실제 이러한 알고리즘을 활용한 매매전략이 활성화되고 있는 것은 주식시장 또는 개별종목의 변동성을 확대시키는 요인으로도 작용하고 있다. 절대수익추구형펀드들은 이와 같은 다양한 전략들을 활용하여 개별 펀드를 만들기도 하고, 여러 전략들을 복합하여 멀티전략을 사용하는 펀드를 만들기도 한다.

다양한 대안투자 상품들에 대한 선별 과정 중요

지금까지 중위험 · 중수익 상품 위주로 주식시장의 방향성에 관계없이 수익이 날 수 있는 대안투자가 가능한 상품들을 살펴보았다. 이외에도 다양한 투자 수단들이 존재하며 향후 더 많은 유형의 대안투자 상품들이 만들어질 것이다. 이러한 대안투자 상품들은 원금의 손실 리스크를 방어하면서 기대수익률을 향상시킬 수 있다는 점에서 변동성이 큰 주식 투자에만 한정하지 말고 다양한 대안 상품에 대한 관심을 가질 필요가 있다. 특히 고수익보다는 안정적인 수익을 추구하는 성향의 투자자들에게 유용한 투자 수단이 될 것이다.

또한 대안투자 상품들은 주식이 가지는 변동성 위험에서 상대적으로 자유로울 수 있어 자산관리차원에서 분산 투자의 대상으로써 가치가 높다고 하겠다. 즉 대안투자는 투자 대상 자산의 다변화를 가능하게 할 뿐만 아니라 안정적인 수익성 확보와 운용자산의 위험 분산, 실물자산 투자에 따른 인플레 헤지 등의 수단으로써 향후에도 지속적인 성장을 보일 것으로 전망된다. 다만 대안투자 상품이라고 하여 무조건 안정적인 수익을 주는 것이 아님을 염두에 두어야 할 것이다. 따라서 대안투자 상품에 대한 투자 시 상품의 수익 구조나 기초자산의 동향 등에 대한 투자자들의 이해도를 높일 필요가 있다.

4장
노후대비 핵심 상품과 절세 상품에 대한 적극적인 활용

평균수명의 증가로 노후 대비에 대한 관심이 크게 높아지고 있다. 사실상 MZ세대에서의 투자 열풍도 노후 대비 자금을 조기에 마련하고자 하는 욕구가 반영된 것으로 볼 수 있다. 문제는 주택 마련이나 결혼 비용, 자녀 교육비 등으로 은퇴시점에 목돈을 만들어 노후 대비를 완성하는 것은 녹록지 않은 것이 현실이다. 또한 노후 대비라는 부담과 조기에 은퇴하고 싶은 욕구가 맞물리면서 빨리 큰돈을 모아야 하겠다고 생각하다 보면 과도한 대출, 레버리지 사용 등 무리한 투자를 하게 되고, 만약 투자에 실패했을 때에는 오히려 노후 준비를 늦추는 결과가 발생할 수도 있다. 따라서 노후 대비를 위하여 얼마의 목돈을 만들겠다는 목표보다는 국민연금, 퇴직연금, 연금저축 등 3층 연금제도를 활용하여 노후의 현금흐름을 만들어 갈 수 있는 방안에 집중하는 것이 오히려 현실적인 접근이 될 수 있다.

국내 연금시장은 크게 공적연금(국민연금, 공무원연금 등), 퇴직연금(IRP포함), 연금저축 등 3층 연금제도로 분류되고 있다. 공적연금은 기본적인 생활 수준을 유지할 수 있는 연금을 국가가 보장하는 연금제도이다. 국민연금은 정부가 직접 운영하는 공적연금제도로 국민 개개인이 소득 활동을 할 때 납부한 보험료를 재원으로 노후에 연금을 지급받게 된다. 문제는 국민 전체의 평균수명 증가, 저출산 현상 등으로 연금 수령 시기를 늦추는 방안이 논의되고 있으며, 국민연금의 소득대체율도 낮은 수준(2023년 기준 42.5%)이어서 노후 대비를 위한 자금으로써 한계가 있는 것으로 평가되고 있다. 이에 따라 국민 스스로가 노후를 대비할 수 있는 상품인 연금저축과 IRP 등에 대하여 세액공제와 과세이연 등 세제혜택을 그만큼 많이 주는 것으로 볼 수 있다. 이와 함께 퇴직연금, 특히 DC형 퇴직연금에 대한 관리도 중요한 부분 중에 하나이다. 이러한 노후 대비 핵심 상품들은 가입을 하고 있으면서도 중요한 내용을 잘 파악하지 못하고 있거나 가입을 하지 않고 있는 경우도 있어 핵심 사항들을 다루어 보도록 하겠다.

이와 함께 투자자산을 관리함에 있어 반드시 고려해야 할 것이 절세전략이다. [그림 2-5] 연평균 투자수익률별 복리효과와 KOSPI 수익률의 그래프에서 나타나는 바와 같이 세금이 있는 자산에 투자하느냐, 비과세나 절세가 되는 자산에 투자하느냐에 따라 장기적으로 투자 성과에 미치는 영향이 크다. 또한 2025년부터는 금융투자소득세가 도입되면 주식 등 투자자산에 대한 세제가 크게 변화될 예정이다. 따라서 ISA를 비롯한 절세형 상품에 대한 관심이 더욱 높아질 것으로 보인다.

연금저축, 노후 대비의 필수 상품으로 자리매김

　노후 대비 핵심 상품인 연금저축과 IRP에 대하여 살펴보도록 하겠다. 연금저축과 IRP는 가입금액 한도가 연간 1,800만원으로 합산하여 관리되며, 세제 혜택이 연동되어 있고, IRP의 연금저축 전환 기능 부여 등 통합하여 관리되므로 두 가지 상품을 연계하여 관리할 필요가 있다.

　먼저 연금저축은 가입대상에 있어 나이 제한, 소득금액, 자격요건 등에 대한 제약이 없다. 최소 가입 기간은 5년 이상이며, 연간 납입 한도는 1,800만원이고 적립식이나 연간 단위 일시납으로도 불입이 가능하다. 연금 수령 요건은 55세 이후 최소 10년 이상 기간을 정하여 수령이 가능하며, 2013년 세제개편 이전에 가입한 연금저축의 경우는 5년 이상 기간을 정하여 연금수령이 가능하다. 연금저축에 있어 핵심은 세제 혜택과 상품 운용이다. 연금저축 가입 시 연간 600만원 한도로 13.2%가 세액공제된다. 근로소득만 있고 총급여가 5,500만원 이하인 경우 또는 종합소득금액이 4,500만원 이하인 경우는 16.5%가 세액공제된다. 세액공제 금액을 감안하면 세액공제를 받은 금액만큼 일정 수익을 확보하고 상품에 가입하는 것과 같은 효과가 있는 것이다.

연금저축의 상품 운용에 있어서 은행의 경우 펀드와 신탁 위주로, 보험회사의 경우는 공시이율형 상품 위주로 운용된다. 이에 비해 증권회사의 연금저축 계좌는 펀드뿐만 아니라 다양한 ETF를 활용하여 포트폴리오 투자가 가능하다. 특히 해외투자 펀드와 해외투자 ETF의 경우는 과세가 이연되어 비과세로 운용되는 장점이 있다. 또한 연금저축에서 발생한 소득은 금융소득 종합과세에서 제외되어 자산이 큰 투자자의 경우 연간 1,800만원 한도까지 가입하여 연금저축 안에서 투자를 진행하는 것도 좋은 절세전략이 될 수 있다.

한편 연금저축은 일부 자금의 중도 인출이 가능하며, 세액공제 한도를 초과하여 입금한 과세제외 금액의 인출 시에는 비과세가 된다. 하지만 세액공제를 받았거나 해외주식형펀드 등에서 발생한 수익부분은 과세대상금액이 되어 중도인출 시 기타소득세 16.5%가 부과된다. 이 경우도 의료목적 등 부득이 한 사유가 있어서 인출하는 경우는 나이에 따라 3.3~5.5%로 연금소득세가 저율로 부과되며 분류과세가 된다.

연금저축의 연금수령 시 연령별로 연금소득세가 달라지는데, 55세 이상 70세 미만 5.5%, 70세 이상 80세 미만 4.4%, 80세 이상은 3.3%로 연금소득세가 부과된다. 이에 따라 연금수령 시기를 늦출수록 세율 면에서 유리하다. 연금으로 수령하는 소득금액이 공적연금을 제외하고 1,500만원 이하일 경우 연금소득세로 분류과세된다. 하지만 연간 1,500만원을 초과할 경우 종합소득과세 또는 16.5%의 분리과세를 선택하여 신고 납부하여야 한다는 점을 유의할 필요가 있다.

연금저축의 경우 은행, 보험사, 증권회사 등 가입 기관 간에 상호간 이전이 가능하다. 이전을 진행하는 경우 기존의 최초 가입일이나 세제혜택을 받은 부분이 그대로 유지되며, 가입 상품의 차이점을 활용한 투자 전략의 변화가 가능하다는 점에서 연금저축의 가입 기관 이전도 활발해지는 추세이다.

IRP, 퇴직자금의 운용과 더불어 절세 상품으로 활용

다음으로 개인형퇴직연금(Individual Retirement Pension, IRP)에 대하여 알아보도록 하겠다. 개인형퇴직연금(IRP)이란 퇴직급여 혹은 별도의 추가 가입금을 입금하여 운용한 뒤 55세 이후 연금으로 수령하는 경우 세제혜택이 주어지는 연금상품을 말한다. IRP가 초기에는 퇴직연금제도가 도입된 직장의 가입자들을 위한 제도였으나, 세제 개편에 따라 2017년 7월부터는 자영업자, 직역연금 가입자(공무원, 군인, 사립학교교직원, 별정우체국직원) 등으로 가입 대상이 확대되었다. 그만큼 IRP의 중요성이 크다는 의미가 될 수 있다.

IRP의 납입형태는 두 가지로 나누어 볼 수 있다. 퇴직 시에 퇴직금을 IRP로 수령하기 위하여 가입하는 경우와 가입대상자가 노후 대비 및 세액공제를 위하여 IRP를 별도로 가입하는 경우이다.

첫 번째로 퇴직금을 수령하기 위해 가입하는 경우이다. 퇴직자 또는 중간정산을 받은 사람이 퇴직급여를 수령일로부터 60일 이내 IRP계좌로 예치하게 되면 퇴직소득세에 대한 과세가 이연된다. 즉 퇴직금을 일시로 수령하게 되면 퇴직소득세가 부과되지만, 연금으로 수령할 경우 퇴직금에 대한 퇴직소득세가 30% 경감된다. 연금수령 시기가 10년을 초과하게 되면 퇴직소득세가 40%까지 감면되므로 퇴직금을 연금으로 수령하는 것이 퇴직소득세의 절세 면에서 유리할 수 있다.

두 번째로 노후 대비와 세액공제를 받기 위한 IRP의 가입이다. IRP에 가입할 자격이 있는 개인이 IRP계좌를 별도로 만들어 추가 납입을 할 경우 연금저축과 합산하여 최대 900만원까지 세액공제를 받을 수 있다. 연금저축에 600만원을 불입하여 세액공제를 받고 있다면 300만원까지 추가 불입할 경우 세액공제를 받을 수 있으며, 연금저축을 가입하지 않았을 경우 IRP만을 900만원까지 가입해도 최대한 세액공제를 받을 수 있는 것이다. 세액공제율은 연금저축과 마찬가지로 근로소득만 있고 총급여가 5,500만원 이하인 경우 또는 종합소득금액이 4,500만원 이하인 경우 16.5%이며, 이를 초과하는 경우 13.2%의 세액공제를 받을 수 있다. 이처럼 연금저축과 IRP세제는 가입 시나 인출 시 통합하여 관리된다고 보면 된다.

다시 정리하면, 퇴직 시 퇴직급여를 IRP계좌로 의무 이전하게 되어 있고 연금으로 받으면 퇴직소득세가 절세되나 바로 해지하여 인출 시에는 퇴직소득세가 과세된다. 이와 별도로 IRP를 만들어 가입자가 추가 불입하게 되면 최대 900만원까지 세액 공제를 받을 수 있는 것이다. 주의해야 할 점은 IRP는 금융기관별로 1개의 계좌만을 만들 수 있다. 따라서 기존에 세액공제를 위하여 IRP 계좌를 만들어 세액공제를 받고 있다가 퇴직금을 이 계좌에 입금하게 되면 퇴직금 인출을 위한 해지 시 전체를 해지해야 하므로 세액공제 받은 금액이 추징되는 경우가 발생할 수 있다. 따라서 IRP로 퇴직금을 받아서 연금으로 수령하지 않고 중도 인출을 해야 하는 경우는 기존에 세제혜택 용도로 만든 IRP계좌와 별도의 IRP계좌를 만들어 수령하는 것이 바람직하다.

IRP계좌의 인출은 두 가지로 나누어진다. 우선 연금으로 수령하는 경우 연금저축과 마찬가지로 세액공제분과 운용수익이 연간 1,500만원 이하이면 연령에 따라 3.3%~5.5%의 연금소득세로 분류과세된다. 하지만 연금 수령액이 1,500만원을 초과하는 경우 종합소득과세 또는 16.5%의 분리과세를 선택할 수 있다. 한편 연금수령이 아닌 일시 수령 시는 퇴직금은 이연된 퇴직소득세가 퇴직소득세율로 과세되고, 세액 공제분과 운용수익은 기타소득세(16.5%)로 과세된다.

IRP를 활용한 자금 운용의 장점을 살펴보면, 연금저축과 마찬가지로 일반적인 거래 시 과세가 되는 상품인 해외투자 펀드와 해외투자 ETF를 IRP에서 운용하여 수익이 날 경우 비과세로 과세가 이연된다. 따라서 해외 관련 상품을 운용하는 데 있어 세제면에 강점이 있다. 또한 펀드의 경우도 IRP 전용 클래스(Class)가 있어 상품 가입에 따른 비용이 일반펀드에 비하여 저렴하다. 이와 함께 ETF의 거래가 통상 무료 수수료로 운용되는 경우가 많아 수수료 면에서도 유리하다.

IRP를 운용함에 있어 다양한 상품으로 운용이 가능하다. 예금자보호법상 대상이 되는 은행의 정기예금상품뿐만 아니라 원금보장형 ELB, 펀드, ETF 등의 선택이 가능하다. 다만 퇴직연금이라는 성격상 정기예금과 채권형펀드 등 안정형 상품에 전체 IRP 자산의 30% 이상을 편입하도록 의무화되어 있다. 이러한 상품의 선택이 어려운 경우 투자자의 니즈에 맞게 알아서 투자를 해주는 TDF나 TIF와 같은 개별 펀드를 선택할 수도 있고, 디폴트옵션제도가 도입되어 포트폴리오 자체를 사전에 지정하여 운용할 수도 있다.

여기서 2022년 도입된 디폴트옵션제도에 대해 살펴보겠다. IRP와 퇴직연금DC형의 운용 가이드라인을 제공하기 위해 도입된 퇴직연금의 사전지정운용제도를 디폴트옵션이라고 한다. IRP 또는 퇴직연금DC에 가입한 근로자가 본인의 퇴직연금 적립금을 운용할 금융상품을 결정하지 않을 경우 사전에 지정해둔 운용방법으로 자동 운용되도록 하는 제도이다. 즉 가입자가 투자 상품을 스스로 선정하여 운용하고 있는 경우는 큰 영향이 없지만 미운용자산으로 남겨둔 자산이 있는 경우 일정 기간이 지나면 사전에 지정한 디폴트옵션 상품으로 자동 가입이 되게 된다. 따라서 만기가 없는 펀드들에 자동이체를 진행하고 있거나 장기로 보유가 가능한 펀드의 경우는 그대로 운용되지만, 정기예금처럼 기존에 만기가 정해져있는 상품을 가입하여 만기가 도래한 경우 또는 상품에 대한 자동매수 비율을 선택해 놓지 않는 경우 직접 운용 지시를 하거나 디폴트옵션 상품을 선택하는 과정을 거쳐야 한다.

디폴트옵션에서 선택할 수 있는 상품 포트폴리오들은 통상 초저위험, 저위험, 중위험, 고위험 포트폴리오 등으로 나누어져 있으며, 각 포트폴리오마다 세부구성 상품은 2~4개 정도로 분산 투자되어 있는 것이 일반적이다. 예를 들어, 초저위험포트폴리오의 경우 은행 예금 위주로 분산 투자가 되도록 구성되어 있고, 고위험포트폴리오의 경우는 주식에 투자하는 TDF펀드 위주로 분산투자가 되도록 구성되어 있는 경우가 많다. 따라서 가입자의 투자 성향과 나이 등을 고려하여 다양한 디폴트옵션을 선택할 수있으며, 이러한 디폴트옵션 상품의 교체도 가능하다.

한편 퇴직연금과 IRP의 투자 가능 상품중 관심이 많은 TDF와 TIF를 살펴보겠다. TDF(Target Date Fund)는 국내외 국가의 주식과 채권에 분산 투자를 하면서도 연령대별로 자동적으로 주식 비중을 조절해 주는 펀드이다. 따라서 은퇴시점을 고려하여 2030, 2040, 2050 등의 기간을 설정하고 연령대에 맞추어 초기에는 주식 투자비중을 높게 운용하다가 은퇴시점이 가까워질수록 주식의 투자비중을 줄여서 리스크를 관리해주는 전략으로 운용한다. TIF(Target Income Fund)는 주식보다는 채권이나 부동산, 인프라 등 인컴형 자산에 분산 투자하여 이자와 배당 등을 확보함으로써 안정적인 수익률의 달성을 우선시하는 전략으로 투자해주는 펀드 유형이다. 따라서 TDF는 젊은 세대나 적극적인 투자자에게 적합할 수 있고, TIF의 경우 은퇴를 전후한 투자자나 안정추구형 투자자에게 맞는 상품이라고 할 수 있다. 이러한 다양한 상품들은 투자자의 성향과 경제 상황 등을 고려하여 선택하면 된다.

이를 종합적으로 살펴볼 때, 연금저축과 IRP는 노후 대비와 절세에 있어 가장 우수한 상품이라고 할 수 있다. 따라서 이를 활용하여 적립식 투자, 장기 투자를 하는 방안을 우선적으로 고려할 필요가 있다. 또한 노후 자금에 있어서는 목돈을 만들어야 한다는 부담에서 벗어나 연금과 같이 매월 발생할 수 있는 현금흐름을 만드는 것이 무엇보다도 중요하다고 하겠다. 이와 같은 맥락에서 퇴직연금 DC형의 자산관리도 중요하다고 할 수 있다.

ISA 등 절세 상품 관심 확대

금융소득 종합과세란 이자소득과 배당소득을 합산하여 연간 2천만원을 초과하는 경우 다른 소득과 합산하여 종합과세를 하는 것을 말한다. 이와 함께 2025년으로 유예된 금융투자소득세가 본격 시행될 경우 주식을 포함한 투자자산의 세제에 커다란 변화가 발생하게 된다. 금융투자소득세란 주식, 채권, 펀드, 파생상품 등 투자자산에서 발생하는 금융소득이 일정금액을 넘으면 금융투자소득세로 분류과세하는 것을 말한다. 즉 과거 자본차익이라고 하여 비과세되었던 소득에 대하여 과세가 되는 것이다. 금융투자소득 금액이 기본공제 한도(주식 관련 상품 5,000만원, 기타상품 250만원)를 넘으면 세율이 22%(3억원 이상이면 27.5%, 지방소득세 포함)로 부과되며, 주식뿐만 아니라 채권의 자본차익 등에 대해서도 과세가 된다는 점에서 중요한 변화라고 할 수 있다. 금융투자소득세는 5년간 손익이 통산되며, 기본공제 한도에 대해 거래 금융기관에 사전 예정 신고를 하지 않은 경우 여러 금융기관의 금융투자소득을 합산하여 신고하는 별도의 절차를 밟아야 한다. 따라서 금융투자소득세가 시행될 경우 절세할 수 있는 방안과 절세형 상품에 대한 필요성이 더욱 증가할 것으로 보인다. 따라서 연금저축과 IRP 이외에 절세면에서 유리한 몇 가지 상품들을 정리해 보도록 하겠다.

우선 ISA(Individual Savings Account), 즉 개인종합자산관리계좌를 활용하는 방안이 시드머니를 만드는 데 있어서 중요한 절세형 상품 전략이다. ISA는 하나의 계좌에서 예금, 주식, 펀드 등 다양한 상품을 편리하게 투자하며 세제혜택을 받을 수 있는 종합자산관리계좌이다. ISA는 일반형과 서민형으로 나누어진다. 일반형은 200만원까지 비과세되며 이를 초과하는 부분의 수익은 9.9%로 분리과세 된다. 한편 서민형은 근로소득 5천만원 이하 또는 종합소득 3.8천만원 이하인 사람이 가입했을 때 400만원까지 이자와 배당소득에 대하여 비과세 혜택이 있으며 이를 초과하는 수익은 9.9%로 분리과세된다. 특히 금융투자소득세 제도가 시행될 경우 국내 주식과 국내 공모 주식형펀드의 매매 차익에 대하여 비과세로 운용할 수 있는 것이 큰 장점으로 부각될 수 있다. 다만 ISA는 계좌의 가입일 또는 연장일이 속한 과세기간 직전 3개 과세기간 중 1회 이상 금융소득 종합과세 대상에 해당한 적이 있는 경우 세제 혜택을 받을 수 없다.

납입한도는 연간 2천만원이며 총 납입한도는 1억원이다. 최소 가입기간은 3년 이상이며, 연간 납입한도 중 미납입한 한도 금액은 다음 연도로 이월이 가능하므로 만기를 단축시키고자 하는 경우 몇만원이라도 먼저 가입해 놓는 것이 유리하다. 또한 ISA 내에서 발생한 손실과 수익 금액은 상계가 가능하므로 절세 관점에서 유리하게 작용한다. 이와 함께 ISA의 만기금액을 연금저축 또는 IRP 계좌로 이체하게 되면 이체금액의 10%를 300만원 한도에서 세액공제를 받을 수도 있다. 의무 가입기간인 3년이 경과하기 전에 중도 인출이 가능하며 이 경우 총가입 한도내에서 인출한 금액만큼 한도가 차감된다. 증권회사의 중개형 ISA에서 투자 가능한 상품은 국내 상장주식, 펀드, ETF, ELS, 리츠, RP 등 대부분의 상품이 가능하다고 보면 된다.

다음은 코스닥벤처펀드이다. 2018년 코스닥시장 활성화 방안의 일환으로 도입된 코스닥벤처펀드는 코스닥시장에 상장된 벤처기업 신주에 15% 이상, 벤처기업 또는 벤처기업 해제 후 7년 이내 중소·중견기업의 신주 또는 구주에 35% 이상을 투자하는 펀드이다. 코스닥벤처펀드의 요건을 갖추게 되면 코스닥시장에 상장하는 공모주 배정 물량의 30%를 우선 배정받을 수 있다. 투자 한도는 제한이 없으며, 소득공제는 3년 이상 보유 시 1인당 3,000만원 한도로 10%인 300만원까지 받을 수 있다.

2018년부터 설정된 코스닥벤처펀드는 초기에 편입요건을 맞추기 위하여 코스닥시장에 상장된 주식을 주로 편입하였다가 수익률 부진으로 인기를 끌지 못하였다. 하지만 이러한 시장 방향성에 대한 리스크를 관리하는 코스닥벤처펀드들은 안정적인 수익 달성을 목표로 하면서 다시 관심을 받고 있다. 즉 안정성을 보강한 코스닥벤처펀드들은 코스닥시장에 상장된 주식을 편입하되 지수선물을 매도하거나 인버스ETF를 편입하여 하방 리스크를 방어하기도 하고, 코스닥 기업들의 메자닌을 편입하는 전략을 사용하기도 한다.

앞서 살펴본 분리과세하이일드펀드를 2023년 6월 12일부터 2024년 12월 31일까지 가입하면 분리과세를 적용 받을 수 있다. 1인당 펀드 가입액 3천만원을 한도로 가입일로부터 3년 동안 발생하는 이자소득 및 배당소득이 금융소득 종합과세 대상 소득에 합산되지 않고 원천징수세율(14%, 지방세 포함 15.4%)을 적용하여 분리과세가 된다.

한편 벤처인증을 받은 비상장 주식을 직접 투자하거나 개인투자조합을 통하여 비상장 주식에 투자하는 경우 소득공제 혜택이 크다. 투자금액이 3천만원 이하이면 100%, 3천만원 초과 5천만원 이하는 70%, 5천만원을 초과하면 30%의 소득공제를 받을 수 있다. 이에 비해 벤처캐피탈(VC)의 조합출자를 통하여 비상장주식에 투자하는 경우는 소득공제 비율이 출자금액의 10%이다. 다만 소득공제 한도는 해당 과세연도 종합소득금액의 50% 이내이다.

한편 3년이라는 의무 보유 기간이 있어 그 이전에 매각할 경우 소득공제를 받은 금액이 추징된다. 이에 따라 중도 매각 가능성이 높은 비상장주식 투자의 경우는 3년 이상 보유하였다가 경정청구를 할 수도 있다. 이외에도 변액보험에서 해외주식형펀드를 투자할 경우 10년 이상 보유 시 비과세되는 등 절세가 되는 상품들에 대한 관심을 높일 필요가 있다. 지금까지 살펴본 절세 관련 상품들은 매년 발표되는 세법 개정에 따라 조금씩 변화가 있으므로 가입 시나 해지 시 자세한 내용을 상담 등을 통하여 확인해 볼 필요가 있다.

에필로그

행복한 투자로 가는 마음가짐

투자를 하는 과정도 행복해야 한다

어렵게 모은 나의 소중한 자산을 원금의 손실 가능성이 있는 투자자산을 통해 관리하는 목적은 부를 더 늘려 행복한 삶을 만들고자 하는 바람일 것이다. 그런데 투자를 하는 과정에서 괴로움을 겪는다면, 또는 투자한 자산의 손실 폭이 커 어느 순간부터 불행의 씨앗이 된다면 투자는 안 하느니만 못한 것이 될 수 있다. 일반적으로 결과보다 과정이 중요하다는 말이 있다. 이것은 투자에 있어서도 마찬가지일 것이다.

여기서 행복의 과학이라는 심리적 현상에 대하여 생각해 볼 필요가 있다. 「행복의 과학(The Science of Happiness)」이라는 책에서 파블로 스쿠라토비치는 1990년대 초 진행한 미국 켄터키대학교의 "수녀 연구"라는 종단연구 논문을 통해 다음과 같은 결과가 나왔음을 소개하였다. 미국 노트르담 수녀회 소속 수녀원들의 수명과 마인드에 대하여 장기적으로 추적 분석한 결과이다. 수녀들이 작성한 자서전의 내용들을 가지고 긍정적, 부정적, 중립적 정서를 각각 표현한 모집단들로 분류하고, 이를 근거로 이들의 수명에 대한 통계를 장기적으로 분석해 본 것이다. 그 결과 긍정적인 내용이 많은 자서전을 작성하였던 수녀들의 수명과 부정적인 내용이 많은 자서전을 쓴 수녀들의 수명에 있어 차이가 컸다는 것이다. 이를 통해 세상을 바라보는 시각을 긍정적으로 가지고 가는 것이 행복감을 높여주어 수명을 연장시킨다는 결론을 통계적으로 찾아낸 것이다.

그림 5-1 긍정 마인드에 따른 생존연령 통계

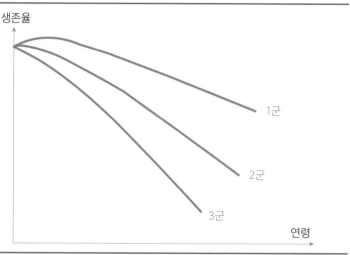

자료: 「행복의 과학」 저서 참고

　일반적으로 그럴 것이라고 생각한 것이 과학적인 분석 결과와도 일치하는 것임을 알 수 있다. 사실 이와 유사하게 긍정적인 마인드를 가지는 것이 좋은 결과를 도출한다는 사례나 책들이 많이 알려져 있다. 「행복의 과학」 책에서는 웨인 주립대학교 연구원들인 어니스트 아벨과 마이클 크루거의 웃음과 장수의 연관성에 대한 연구 자료도 소개하였다. 이들은 메이저리그 야수 선수들에 대한 조사 분석을 통해 환하게 웃는 야구 선수들이 전혀 웃지 않는 야구선수들보다 평균적으로 7년 이상 오래 살았다는 통계를 찾아냈다. 여기서 웃음은 표정 그 자체보다는 긍정적인 정서를 의미한다고 볼 수 있을 것이다.

이를 투자와 연결해 보자. 투자는 미래의 행복을 위한 것이며, 투자하는 과정에서도 행복해야 한다. 행여나 불행을 가져올 가능성이 높은 투자 방법이라면 다시 방향을 잡아야 한다. 예를 들어, 나는 원금이 깨지면 잠을 못 자는 스타일이라고 하면 그러한 위험성이 있는 자산에는 접근하지 않는 것이 바람직할 수 있다. 그럼에도 불구하고 투자를 하고 싶다면 위험을 최소화하거나 자산 포트폴리오에서 감내가 가능한 한도 내에서만 투자를 하는 것이 행복감을 유지하는 방안이 될 수 있다.

이에 비해 적극적인 투자자라고 하더라도 투자를 할 때는 본인이 감내할 수 있는 자산 범위 내에서 적절한 기대수익률을 설정하고, 충분한 사전 준비를 통해 접근하되 투자 시장에서 불가피하게 발생하는 투자 수익률의 변동성을 관리해야 한다. 이렇게 볼 때, 자산관리에 있어서 행복감을 유지하는 것은 불행, 즉 변동성 또는 리스크의 관리에서 시작된다고 볼 수 있다. 이러한 변동성과 위험을 어떻게 관리해야 할까라는 고민을 이 책에서 다루어본 것이다. 다만 충분한 준비나 공부가 없이 주식 투자를 하면서 무조건 잘 될거야, 손실이 난 주식을 가지고 있기만 하면 회복이 될거야 등의 자기 합리화는 여기서 말하는 긍정적인 마인드와는 구별되어야 할 것이다.

투자, 사업, 인생의 성공곡선을 만들기 위해 마라톤을 다시 시작하자

누구나 성공을 꿈꾼다. 사업, 직장, 투자 등 각 분야에서 성공을 통해 결국은 행복한 미래 또는 성공한 인생을 만들고자 하는 것이 누구나 바라는 바일 것이다. 그것도 빠른 시간에 달성되었으면 하는 바람이 있는 것이 인지상정이다. 그러나 많은 도서나 주위의 성공담을 들어보면, 대부분 단기간에 큰 성공을 거둔 경우는 드물다. 오히려 큰 성공을 한 사람들일수록 초기에 여러 차례 시행착오를 경험한 사례가 많다. 또한 한 분야에서 꾸준하게 노력하고 오래도록 살아남아 결실을 본 케이스가 더 많다.

이 책에서 여러 번 언급한 것이 복리효과이다. [그림 5-2]에서 나타낸 복리효과 곡선을 확장해서 생각해 보면 여러 면에서 교훈을 얻을 수 있다. 복리효과 곡선을 자세히 살펴보면, 초기에는 그 효과의 폭이 미미해 보인다. 그러나 이것이 축적되는 시간을 거치고 나서 일정한 변곡점을 지나게 되면 복리효과가 가팔라지는 것을 볼 수 있다. 즉 일정 정도 자산을 모으기까지는 시간이 걸리지만 변동성을 낮추면서 적정한 기대수익률을 꾸준히 달성해 나간다면 큰 부자가 될 수 있음을 나타낸 것이다. 또한 초기에 투자 습관을 어떻게 가져갈지에 대한 훈련의 시간이 필요하며, 큰 부가 쌓였을 때 어떻게 관리해 나갈 것인가에 대한 아이디어도 제공한다고 하겠다.

그림 5-2 복리효과 곡선과 유사한 곡선을 나타내는 사례들

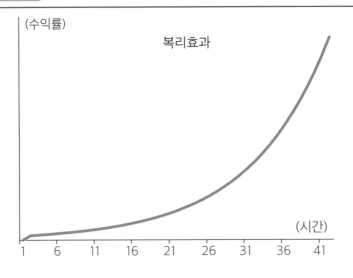

복리효과

(수익률)

(시간)

1   6   11   16   21   26   31   36   41

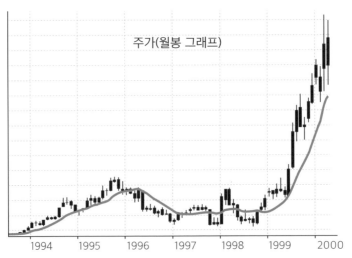

주가(월봉 그래프)

1994   1995   1996   1997   1998   1999   2000

주: ㅡ는 5개월 이동평균선

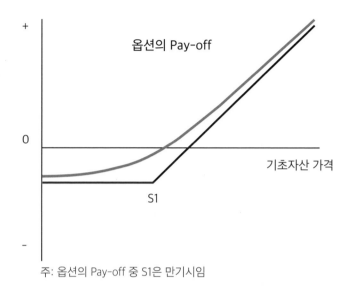

옵션의 Pay-off

0

기초자산 가격

S1

+

-

주: 옵션의 Pay-off 중 S1은 만기시임

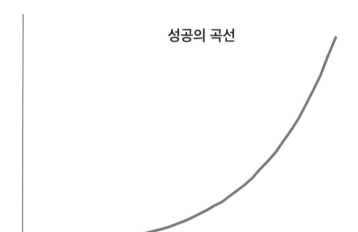

성공의 곡선

1 6 11 16 21 26 31 36 41

흥미로운 사실은 이러한 복리효과와 유사한 모양을 가지는 그래프들이 많이 있다는 것이다. 우선 주식의 가격 흐름도 비슷한 특성을 보이는 경우가 많다. [그림 5-2]에서 주가는 주식 투자자라면 대부분이 알고 있는 S기업의 월봉 그래프이다. S기업은 IMF를 전후하여 5년 동안 장기 박스권의 흐름을 보였지만, 1999년 들어 1년 동안 급등을 보인 바 있다. 사실 장기적으로 성장해 온 상장회사 주식의 주가 차트들을 살펴보면 대형주들에서도 이와 비슷한 주가 흐름을 많이 볼 수 있다. 이는 장기적으로 주가가 크게 오른 기업의 주식 가격이 지속적으로 우상향하는 흐름을 보이는 것이 아니라 특정 기간에 그동안 눌려있던 상승 모멘텀이 한꺼번에 실현된다는 점을 보여주는 것이다.

한편 파생상품인 옵션의 Pay-off 곡선에서도 복리효과 곡선과 같은 모양이 나타난다. 옵션의 Pay-off란 옵션에 투자를 진행하였을 때 특정 조건(기초자산의 가격, 변동성, 시간 등)에 따라 얼마의 수익이 발생하는가를 나타낸 것이다. [그림 5-2]에서 나타나는 바와 같이 프리미엄을 반영한 옵션가격의 곡선이 외가격(행사가치가 낮은 가격)일수록 기초자산의 가격 움직임에 대하여 둔감하게 변화하지만 내가격(행사가치가 높은 가격)이 될수록 기초 자산인 시장 가격의 변화에 대한 민감도가 증가한다는 것을 볼 수 있다.

이러한 복리효과 곡선이 나타내는 특성을 필자는 "성공의 곡선(성공의 법칙)"이라고 명명하였다. 이와 비슷한 현상은 우리 주변에서도 찾아볼 수 있기 때문이다. 예를 들어, 보험업계에서 최고의 실적을 거양하고 있는 보험 판매왕이나, 자동차 영업에 있어 판매왕이라고 하는 분들의 사례를 보면, 대체로 초기에는 어려움을 겪은 경우가 많았다. [그림 5-2] 성공의 곡선에 나타나는 바와 같이 초기에는 비슷한 일을 함에 있어 동종업계 사람들 사이의 성과 차이는 크지 않다. 그러나 경험이 쌓이고, 이를 바탕으로 어떻게 영업을 하는가에 따라 시간이 지날수록 그 성과의 차이가 커지고, 일정 단계를 넘어서 고객이 고객을 소개하는 단계가되면 폭발적인 성과가 달성되는 것이다. 사업이든, 직장이든, 투자이든 어떤 일에서나 초기에 어려움을 겪는 것은 어찌 보면 당연한 일이며, 이를 극복하고 꾸준하게 한 분야에 집중할 때 이와유사한 결과를 도출할 수 있다는 사실을 많은 이들이 공감할 것이다.

다시 투자의 세계로 돌아와 보면, 투자에 있어서도 성공이 단기간에 이루어지는 경우는 많지 않다. 좋은 시기에 투자를 시작하여 한때 큰 수익을 낼 수는 있으나, 이를 관리하고 지속적으로 수익을 쌓아가는 것은 쉬운 일이 아니다. 따라서 투자 초기에 일정 정도 손실을 보았더라도 너무 실망할 필요는 없다. 이처럼 초기 투자에서 손실을 본 경험을 나중에 자산이 늘어났을 때 투자교훈으로 삼는다면 새옹지마가 될 것이다. 결국 성공 투자의 길은 충분히 준비하고 건전한 투자습관을 키우며 이를 실천해 나가는 것이라 생각된다.

투자이건 사업이건 이러한 것들은 인생의 한 과정이며, 행복한 인생을 만들어 가는 과정은 앞서 살펴보았듯이 마라톤과 비슷하다고 생각한다. 마라톤의 성공적인 완주를 위해서는 충분한 사전 준비가 필요할 뿐만 아니라 레이싱의 과정에서 남들과 비교하지 않으면서, 자신의 페이스를 만들어갈 수 있는 나만의 원칙과 노하우가 필요할 것이다. 그 과정에서 이 책이 독자들의 좋은 투자습관을 만들어 가는 데 도움이 되었으면 하는 바람이다.

저자 소개

김대열

- 리서치센터, 펀드리서치 등 자산관리 지원부서 13년 근무와 PB, 지점장 등 17년간 영업 현장에서 겪은 다양한 경험들을 바탕으로 쌓아온 노하우를 전파하고자 함.
- 다양한 투자 수단을 활용하여 불확실성이 상존하는 투자세계에서 리스크를 관리하면서 부를 키워나갈 수 있는 다양한 투자 전략을 전달하는 투자 성공의 지침 제공.

현) 하나증권 강남파이낸스WM센터 WM부장
- 리서치센터 투자전략팀 근무 (2000~2006년)
  - 주식시장 전망, 종목 및 테마분석, 기술적분석
- Wealthcare센터 상품전략팀 근무(2007~ 2012년)
  - 펀드리서치, 자산배분 및 상품투자전략 총괄
  - VIP 고객 및 법인 제안서 작성 총괄
- 도곡지점 VIP PB, 수원지점장, 서초WM센터장, 영업1부WM센터장 등 근무 경력

[2016 Korea WM 어워즈] 올해의 PB(증권업 부문) 수상(더벨)

[2015 대한민국 대표 자산컨설턴트] 20인 선정 (매경이코노미)

펀드리서치 [NO.1에게 묻는다] (이투데이 2011.3.11)

- 매일경제신문, 한국경제신문 등 언론 다수 기고
- KBS, 한국경제TV 등 방송 다수 출연
- 정기 기고: 동아일보 맞춤 재테크, 아시아경제 펀드브리핑 등
- 한국투자자교육협의회, 교원연수원 등 자산관리 및 상품전략
  강연

연세대학교 경제대학원 경제학 석사

금융투자협회 자산운용MBA, 성균관대학교 SKK GSB (PB마스터),

일임자산운용사, 주식투자권유전문인력, 펀드투자권유전문인력,

헤지펀드운용전문인력

    필자는 1995년 대한투자신탁(현 하나증권의 전신)이라는 금융투자 회사에 입사하여 30년째 투자와 관련된 다양한 업무분야에서 종사하였다. 현재 하나증권에서 WM(Wealth Management, 자산관리 전문가)으로서 고객들의 자산관리업무를 하고 있다. 처음 입사하여 영업점에서 근무하면서 IMF와 IT붐을 경험하였고, 2000년부터 리서치센터에서 주식시장 전망과 기술적분석 업무 등을 수행하면서 2000년 IT버블 붕괴

와 2006년의 펀드 붐을 맞이하였다. 펀드 붐이 불면서 펀드리서치와 자산관리컨설팅팀이 신설되어 해당 업무를 하면서 2008년 금융위기와 회복 과정을 지켜보았다. 2013년부터는 영업 현장에서 PB부장과 센터장 등을 거치면서 안정적인 포트폴리오 수익률로 고객 자산을 관리하고자 노력하고 있다.

[일러두기]
본 도서에서 언급되는 상품들은 하나증권의 공식 의견이 아닌 저자의 개인 의견입니다. 자산관리의 이해도 제고를 위해 소개용으로 작성된 것일 뿐 투자의 책임은 투자자 본인에게 귀속됩니다.

행복한 투자의 성공 법칙

초판발행	2024년 2월 2일
지은이	김대열
펴낸이	안종만·안상준
편 집	배근하
기획/마케팅	정연환
표지디자인	이영경
제 작	고철민·조영환
펴낸곳	(주)**박영사**
	서울특별시 금천구 가산디지털2로 53 한라시그마밸리 210호(가산동)
	등록 1959.3.11. 제300-1959-1호(倫)
전 화	02)733-6771
f a x	02)736-4818
e-mail	pys@pybook.co.kr
homepage	www.pybook.co.kr
ISBN	979-11-303-1917-9 03320

*파본은 구입하신 곳에서 교환해 드립니다. 본서의 무단복제행위를 금합니다.

정 가   17,000원